장성호

(〈킹 오브 킹스〉 제작팀 대표)

영화감독이자 주식회사 모팩스튜디오 대표. 홍익대학교에서 시각디자인을 전공한 뒤, 동국대학교 영상대학원에서 영화영상학 석사 취득 및 박사과정을 수료했다.
〈공동경비구역 JSA〉, 〈태왕사신기〉, 〈해운대〉, 〈만추〉, 〈차이니즈 조디악〉, 〈별에서 온 그대〉, 〈명량〉, 〈기문둔갑〉, 〈지옥〉, 〈서울대작전〉 등 국내외 수많은 작품의 특수효과를 담당했으며, 애니메이션 〈킹 오브 킹스〉를 연출했다.
제1회 대한민국영화대상 시각효과상, 제23회 청룡영화상 시각효과 부문 기술상, 제39회 대종상영화제 시각효과상, 2007년 MBC 연기대상 기술공로상, 제30회 청룡영화상 시각효과 부문 기술상, 제1회 여수 글로벌SFX 시상식 동상을 수상했으며, 2020년 정보통신방송사업 콘텐츠 분야 과학기술정보통신부 장관 표창을 받았다.

디자인 룸디 타이핑 허상훈

킹 오브 킹스

일러두기

* 이 책에 수록된 마태복음은 《성경전서 개역한글판》을 바탕으로 정리하였습니다. 띄어쓰기의 경우 현 기준에 따른 것도 있습니다.
* 이 책의 마지막에 수록되어 있는 스티커는 필사를 마칠 때마다 '참 잘했어요'의 의미로 활용해 주시면 좋습니다.

킹 오브 킹스

성경 필사북

마태복음

〈킹 오브 킹스〉 제작팀 편저

북폴리오

필사를 시작한 날 ______________

필사를 마친 날 ______________

주기도문

하늘에 계신 우리 아버지여,
이름이 거룩히 여김을 받으시오며,
나라이 임하옵시며,
뜻이 하늘에서 이룬 것같이 땅에서도 이루어지이다.
오늘날 우리에게 일용할 양식을 주옵시고,
우리가 우리에게 죄 지은 자를 사하여 준 것같이
우리 죄를 사하여 주옵시고,
우리를 시험에 들게 하지 마옵시고,
다만 악에서 구하옵소서.
나라와 권세와 영광이
아버지께 영원히 있사옵나이다.
아멘.

(마태복음 6장 9-13절)

이 책을 통해 하나님께 더 가까이

영화 〈킹 오브 킹스〉는 영국의 대문호 찰스 디킨스와 다섯 살인 아들 월터가 나눈, 2000년 전 태어난 '왕 중의 왕', 예수님의 탄생부터 부활까지의 이야기를 담고 있습니다. 마구간에서 태어난 예수님의 초라한 모습, 탄생을 축하하는 천사의 방문, 동방박사와 목자들의 경배, 헤롯왕의 위협 등으로부터 극적인 탈출에 이르기까지 아빠인 찰스 디킨스의 생생한 묘사는 월터의 마음을 사로잡습니다.

월터는 아버지가 들려주는 이야기에 깊이 빠져들며 예수님의 삶의 궤적을 다섯 살 아이의 시각으로 따라갑니다. 예수님이 겪은 온갖 수난과 십자가의 고통, 그리고 부활의 기적까지 모든 순간을 함께 느낀 월터는 깊어지는 신앙심을 깨닫고 아버지의 사랑을 다시금 느끼게 됩니다.

이러한 스토리를 담고 있는 영화 〈킹 오브 킹스〉는 찰스 디킨스가 남긴 아름다운 성경 동화《예수의 생애》를 바탕으로 합니다. 아이의 눈높이에 맞춰 쉽고 재미있게 쓴 이 성경 동화는 원래 자녀들에게 들려주려고 작성해 둔 초안 성격의 글로 세상에는 발표되지 않았었는데요. 이후 세상의 수많은 아이들에게 읽혔으면 하는 후손들의 바람을 담아 1934년 뒤늦게 출판되었답니다.

이 책은 꼭 이렇게 말하는 것 같습니다. "이 세상에서 가장 위대했던 왕 중의 왕, 2000년 전 가장 초라하게 태어났지만 가장 숭고했던 예수님의 이야기를 들려줄게."

그리고 영화 역시 이러한 마음을 담아 10여 년간 작업한 끝에 미국에서 먼저 개봉했고, K-무비 역대 흥행 1위를 기록하며 많은 이들에게 감동을 선사하고 있지요. 영화를 준비할 당시, 장성호 감독님은 성경의 한 줄 한 줄을 꾹꾹 눌러 담는 심정으로 작업에 임하였고, 그 결과 오랜 시간이 걸렸음에도 불구하고 뜨거운 믿음의 힘을 바탕으로 영화를 완성하였습니다.

이러한 믿음의 과정을 함께 나누고픈 마음이《킹 오브 킹스 성경 필사북》으로 이어졌습니다. 성경을 필사해 오던 그 마음에 감동과 영광이 더해집니다. 순서대로 필사해도 좋고, 마음이 이끄는 대로 말씀을 따라가도 좋아요.

영화의 진심을 담아낸 예쁜 캐릭터 및 장면들과 함께 성경을 필사하는 시간을 가져보세요. 하루를 시작하기 전, 하루를 마무리 지으면서도 좋겠지요. 이 책을 펼치는 그 순간, 하나님께서 당신과 함께하실 것을 분명히 믿습니다. 하나님께 더 가까이 다가가는 순간을 놓치지 마십시오. 아멘.

- 2025년 7월,

<킹 오브 킹스> 제작팀

<킹 오브 킹스>와 완성하는 필사 체크리스트

주님의 말씀 모음	필사 완료 표시
ex) 마 1:1-15	✓

주님의 말씀 모음	필사 완료 표시

주님의 말씀 모음	필사 완료 표시

주님의 말씀 모음	필사 완료 표시

주님의 말씀 모음	필사 완료 표시

주님의 말씀 모음	필사 완료 표시

주님의 말씀 모음	필사 완료 표시

주님의 말씀 모음	필사 완료 표시

마태복음

1장

예수의 세계

1 아브라함과 다윗의 자손 예수 그리스도의 세계라

2 아브라함이 이삭을 낳고 이삭은 야곱을 낳고 야곱은 유다와 그의 형제를
낳고

3 유다는 다말에게서 베레스와 세라를 낳고 베레스는 헤스론을 낳고 헤스론
은 람을 낳고

4 람은 아미나답을 낳고 아미나답은 나손을 낳고 나손은 살몬을 낳고

5 살몬은 라합에게서 보아스를 낳고 보아스는 룻에게서 오벳을 낳고 오벳은
이새를 낳고

6 이새는 다윗왕을 낳으니라 ●다윗은 우리야의 아내에게서 솔로몬을 낳고

7 솔로몬은 르호보암을 낳고 르호보암은 아비야를 낳고 아비야는 아사를
낳고

8 아사는 여호사밧을 낳고 여호사밧은 요람을 낳고 요람은 웃시야를 낳고

9 웃시야는 요담을 낳고 요담은 아하스를 낳고 아하스는 히스기야를 낳고

10 히스기야는 므낫세를 낳고 므낫세는 아몬을 낳고 아몬은 요시야를 낳고

11 바벨론으로 이거할 때에 요시야는 여고냐와 그의 형제를 낳으니라

12 ●바벨론으로 이거한 후에 여고냐는 스알디엘을 낳고 스알디엘은 스룹바
벨을 낳고

13 스룹바벨은 아비훗을 낳고 아비훗은 엘리아김을 낳고 엘리아김은 아소르
를 낳고

14 아소르는 사독을 낳고 사독은 아킴을 낳고 아킴은 엘리웃을 낳고

15 엘리웃은 엘르아살을 낳고 엘르아살은 맛단을 낳고 맛단은 야곱을 낳고

Date.　　/　　/

스티커 붙이는 곳

16 야곱은 마리아의 남편 요셉을 낳았으니 마리아에게서 그리스도라 칭하는
예수가 나시니라

17 ●그런즉 모든 대 수가 아브라함부터 다윗까지 열네 대요 다윗부터 바벨
론으로 이거할 때까지 열네 대요 바벨론으로 이거한 후부터 그리스도까지
열네 대러라

예수의 나심

18 ● 예수 그리스도의 나심은 이러하니라 그 모친 마리아가 요셉과 정혼하고
동거하기 전에 성령으로 잉태된 것이 나타났더니

19 그 남편 요셉은 의로운 사람이라 저를 드러내지 아니하고 가만히 끊고자
하여

20 이 일을 생각할 때에 주의 사자가 현몽하여 가로되 다윗의 자손 요셉아 네
아내 마리아 데려오기를 무서워 말라 저에게 잉태된 자는 성령으로 된 것
이라

21 아들을 낳으리니 이름을 예수라 하라 이는 그가 자기 백성을 저희 죄에서
구원할 자이심이라 하니라

22 이 모든 일의 된 것은 주께서 선지자로 하신 말씀을 이루려 하심이니 가라
사대

23 보라 처녀가 잉태하여 아들을 낳을 것이요 그 이름은 임마누엘이라 하리
라 하셨으니 이를 번역한즉 하나님이 우리와 함께 계시다 함이라

24 요셉이 잠을 깨어 일어나서 주의 사자의 분부대로 행하여 그 아내를 데려
왔으나

25 아들을 낳기까지 동침치 아니하더니 낳으매 이름을 예수라 하니라

Date. / /

마태복음

2장

동방으로부터 박사들이 경배하러 오다

1 헤롯왕 때에 예수께서 유대 베들레헴에서 나시매 동방으로부터 박사들이
예수살렘에 이르러 말하되

2 유대인의 왕으로 나신 이가 어디 계시뇨 우리가 동방에서 그의 별을 보고
그에게 경배하러 왔노라 하니

3 헤롯왕과 온 예루살렘이 듣고 소동한지라

4 왕이 모든 대제사장과 백성의 서기관들을 모아 그리스도가 어디서 나겠느
뇨 물으니

5 가로되 유대 베들레헴이오니 이는 선지자로 이렇게 기록된 바

6 또 유대 땅 베들레헴아 너는 유대 고을 중에 가장 작지 아니하도다 네게서
한 다스리는 자가 나와서 내 백성 이스라엘의 목자가 되리라 하였음이니
이다

7 이에 헤롯이 가만히 박사들을 불러 별이 나타난 때를 자세히 묻고

8 베들레헴으로 보내며 이르되 가서 아기에 대하여 자세히 알아보고 찾거든
내게 고하여 나도 가서 그에게 경배하게 하라

9 박사들이 왕의 말을 듣고 갈쌔 동방에서 보던 그 별이 문득 앞서 인도하여
가다가 아기 있는 곳 위에 머물러 섰는지라

10 저희가 별을 보고 가장 크게 기뻐하고 기뻐하더라

11 집에 들어가 아기와 그 모친 마리아의 함께 있는 것을 보고 엎드려 아기께
경배하고 보배합을 열어 황금과 유향과 몰약을 예물로 드리니라

12 꿈에 헤롯에게로 돌아가지 말라 지시하심을 받아 다른 길로 고국에 돌아
가니라

Date. / /

애굽으로 피하다

13 ● 저희가 떠난 후에 주의 사자가 요셉에게 현몽하여 가로되 헤롯이 아기
를 찾아 죽이려 하니 일어나 아기와 그의 모친을 데리고 애굽으로 피하여
내가 네게 이르기까지 거기 있으라 하시니

14 요셉이 일어나서 밤에 아기와 그의 모친을 데리고 애굽으로 떠나가

15 헤롯이 죽기까지 거기 있었으니 이는 주께서 선지자로 말씀하신 바 애굽
에서 내 아들을 불렀다 함을 이루려 하심이니라

16 이에 헤롯이 박사들에게 속은 줄을 알고 심히 노하여 사람을 보내어 베들
레햄과 그 모든 지경 안에 있는 사내 아이를 박사들에게 자세히 알아본 그
때를 표준하여 두 살부터 그 아래로 다 죽이니

17 이에 선지자 예레미야로 말씀하신 바

18 라마에서 슬퍼하며 크게 통곡하는 소리가 들리니 라헬이 그 자식을 위하
여 애곡하는 것이라 그가 자식이 없으므로 위로받기를 거절하였도다 함이
이루어졌느니라

애굽에서 돌아오다

19 ● 헤롯이 죽은 후에 주의 사자가 애굽에서 요셉에게 현몽하여 가로되

20 일어나 아기와 그 모친을 데리고 이스라엘 땅으로 가라 아기의 목숨을 찾
던 자들이 죽었느니라 하시니

21 요셉이 일어나 아기와 그 모친을 데리고 이스라엘 땅으로 들어오니라

22 그러나 아켈라오가 그 부친 헤롯을 이어 유대의 임금 됨을 듣고 거기로 가
기를 무서워하더니 꿈에 지시하심을 받아 갈릴리 지방으로 떠나가

23 나사렛이란 동네에 와서 사니 이는 선지자로 하신 말씀에 나사렛 사람이
라 칭하리라 하심을 이루려 함이러라

Date. / /

마태복음

3장

세례 요한의 전파

1 그 때에 세례 요한이 이르러 유대 광야에서 전파하여 가로되

2 회개하라 천국이 가까왔느니라 하였으니

3 저는 선지자 이사야로 말씀하신 자라 일렀으되 광야에 외치는 자의 소리
가 있어 가로되 너희는 주의 길을 예비하라 그의 첩경을 평탄케 하라 하였
느니라

4 이 요한은 약대 털옷을 입고 허리에 가죽띠를 띠고 음식은 메뚜기와 석청
이었더라

5 이때에 예루살렘과 온 유대와 요단강 사방에서 다 그에게 나아와

6 자기들의 죄를 자복하고 요단강에서 그에게 세례를 받더니

7 요한이 많은 바리새인과 사두개인이 세례 베푸는 데 오는 것을 보고 이르
되 독사의 자식들아 누가 너희를 가르쳐 임박한 진노를 피하라 하더냐

8 그러므로 회개에 합당한 열매를 맺고

9 속으로 아브라함이 우리 조상이라고 생각지 말라 내가 너희에게 이르노니
하나님이 능히 이 돌들로도 아브라함의 자손이 되게 하시리라

10 이미 도끼가 나무 뿌리에 놓였으니 좋은 열매 맺지 아니하는 나무마다 찍
어 불에 던지우리라

11 나는 너희로 회개케 하기 위하여 물로 세례를 주거니와 내 뒤에 오시는 이
는 나보다 능력이 많으시니 나는 그의 신을 들기도 감당치 못하겠노라 그
는 성령과 불로 너희에게 세례를 주실 것이요

12 손에 키를 들고 자기의 타작 마당을 정하게 하사 알곡은 모아 곡간에 들이
고 쭉정이는 꺼지지 않는 불에 태우시리라

Date. / /

세례를 받으시다

13 ●이때에 예수께서 갈릴리로서 요단강에 이르러 요한에게 세례를 받으려
하신대

14 요한이 말려 가로되 내가 당신에게 세례를 받아야 할 터인데 당신이 내게
로 오시나이까

15 예수께서 대답하여 가라사대 이제 허락하라 우리가 이와 같이 하여 모든
의를 이루는 것이 합당하니라 하신대 이에 요한이 허락하는지라

16 예수께서 세례를 받으시고 곧 물에서 올라 오실쌔 하늘이 열리고 하나님
의 성령이 비둘기 같이 내려 자기 위에 임하심을 보시더니

17 하늘로서 소리가 있어 말씀하시되 이는 내 사랑하는 아들이요 내 기뻐하
는 자라 하시니라

Date. / /

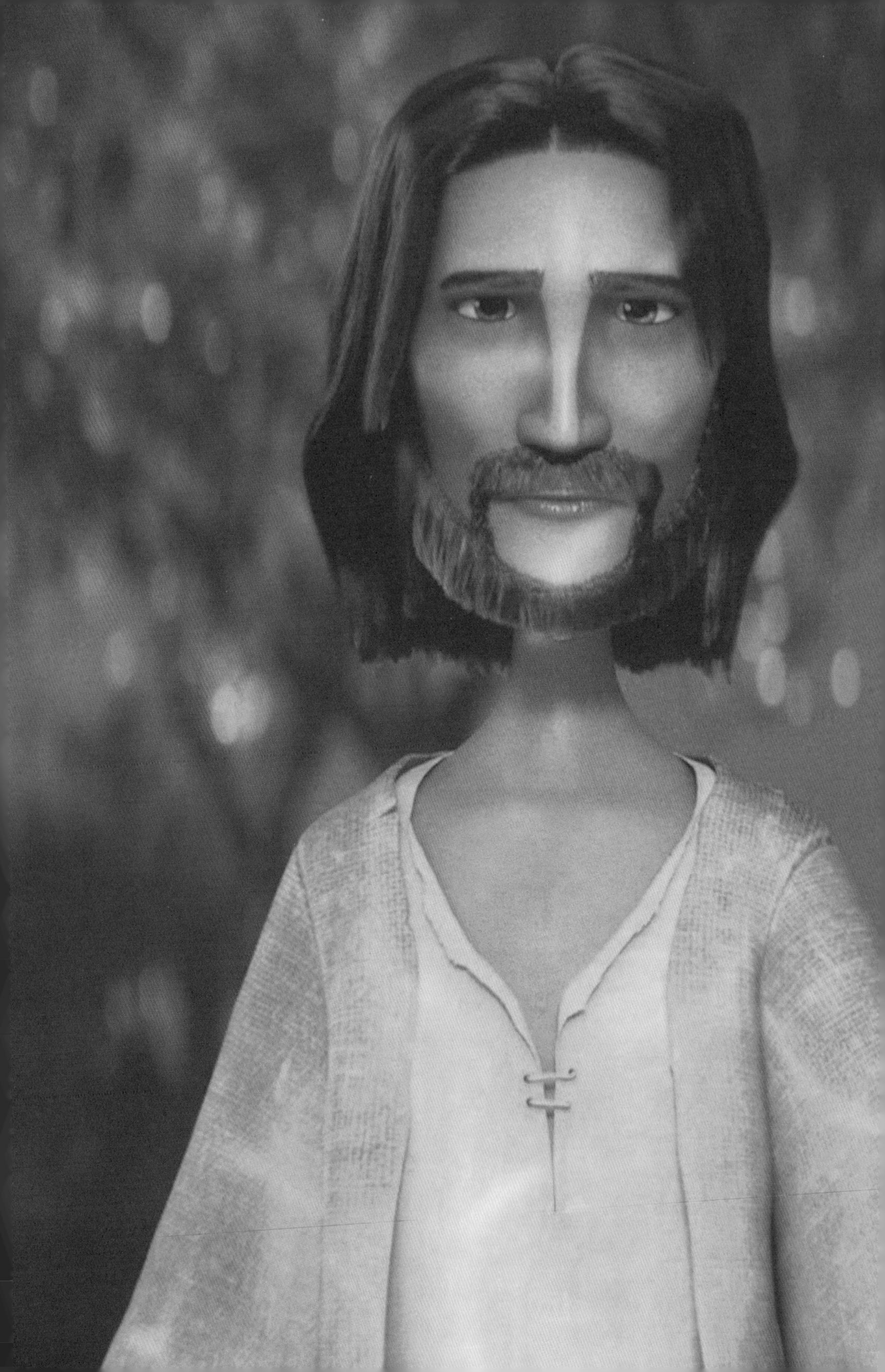

하늘로서 소리가 있어 말씀하시되
이는 내 사랑하는 아들이요
내 기뻐하는 자라 하시니라

- 마태복음 3장 17절

마태복음

4장

시험을 받으시다

1 그 때에 예수께서 성령에게 이끌리어 마귀에게 시험을 받으러 광야로 가사
2 사십 일을 밤낮으로 금식하신 후에 주리신지라
3 시험하는 자가 예수께 나아와서 가로되 네가 만일 하나님의 아들이어든
명하여 이 돌들이 떡덩이가 되게 하라
4 예수께서 대답하여 가라사대 기록되었으되 사람이 떡으로만 살 것이 아니
요 하나님의 입으로 나오는 모든 말씀으로 살 것이라 하였느니라 하시니
5 이에 마귀가 예수를 거룩한 성으로 데려다가 성전 꼭대기에 세우고
6 가로되 네가 만일 하나님의 아들이어든 뛰어내리라 기록하였으되 저가 너
를 위하여 그 사자들을 명하시리니 저희가 손으로 너를 받들어 발이 돌에
부딪히지 않게 하리로다 하였느니라
7 예수께서 이르시되 또 기록되었으되 주 너의 하나님을 시험치 말라 하였
느니라 하신대
8 마귀가 또 그를 데리고 지극히 높은 산으로 가서 천하 만국과 그 영광을 보여
9 가로되 만일 내게 엎드려 경배하면 이 모든 것을 네게 주리라
10 이에 예수께서 말씀하시되 사단아 물러가라 기록되었으되 주 너의 하나님
께 경배하고 다만 그를 섬기라 하였느니라
11 이에 마귀는 예수를 떠나고 천사들이 나아와서 수종드니라

갈릴리에서 전파하시다

12 ● 예수께서 요한의 잡힘을 들으시고 갈릴리로 물러가셨다가
13 나사렛을 떠나 스불론과 납달리 지경 해변에 있는 가버나움에 가서 사시니
14 이는 선지자 이사야로 하신 말씀을 이루려 하심이라 일렀으되

Date. / /

15 스불론 땅과 납달리 땅과 요단강 저편 해변 길과 이방의 갈릴리여

16 흑암에 앉은 백성이 큰 빛을 보았고 사망의 땅과 그늘에 앉은 자들에게 빛
이 비취었도다 하였느니라

17 ● 이때부터 예수께서 비로소 전파하여 가라사대 회개하라 천국이 가까왔
느니라 하시더라

어부들을 제자로 부르시다

18 ● 갈릴리 해변에 다니시다가 두 형제 곧 베드로라 하는 시몬과 그 형제 안
드레가 바다에 그물 던지는 것을 보시니 저희는 어부라

19 말씀하시되 나를 따라 오너라 내가 너희로 사람을 낚는 어부가 되게 하리
라 하시니

20 저희가 곧 그물을 버려두고 예수를 좇으니라

21 거기서 더 가시다가 다른 두 형제 곧 세베대의 아들 야고보와 그 형제 요
한이 그 부친 세베대와 한가지로 배에서 그물 깁는 것을 보시고 부르시니

22 저희가 곧 배와 부친을 버려두고 예수를 좇으니라

무리에게 복음을 전파하시다

23 ● 예수께서 온 갈릴리에 두루 다니사 저희 회당에서 가르치시며 천국 복
음을 전파하시며 백성 중에 모든 병과 모든 약한 것을 고치시니

24 그의 소문이 온 수리아에 퍼진지라 사람들이 모든 앓는 자 곧 각색 병과
고통에 걸린 자, 귀신 들린 자, 간질하는 자, 중풍병자들을 데려오니 저희
를 고치시더라

25 갈릴리와 데가볼리와 예루살렘과 유대와 요단강 건너편에서 허다한 무리
가 좇으니라

Date.　　/　　/

마태복음

5장

복이 있는 사람

1 예수께서 무리를 보시고 산에 올라가 앉으시니 제자들이 나아온지라

2 입을 열어 가르쳐 가라사대

3 심령이 가난한 자는 복이 있나니 천국이 저희 것임이요

4 애통하는 자는 복이 있나니 저희가 위로를 받을 것임이요

5 온유한 자는 복이 있나니 저희가 땅을 기업으로 받을 것임이요

6 의에 주리고 목마른 자는 복이 있나니 저희가 배부를 것임이요

7 긍휼히 여기는 자는 복이 있나니 저희가 긍휼히 여김을 받을 것임이요

8 마음이 청결한 자는 복이 있나니 저희가 하나님을 볼 것임이요

9 화평케 하는 자는 복이 있나니 저희가 하나님의 아들이라 일컬음을 받을 것임이요

10 의를 위하여 핍박을 받은 자는 복이 있나니 천국이 저희 것임이라

11 나를 인하여 너희를 욕하고 핍박하고 거짓으로 너희를 거스려 모든 악한 말을 할 때에는 너희에게 복이 있나니

12 기뻐하고 즐거워하라 하늘에서 너희의 상이 큼이라 너희 전에 있던 선지자들을 이같이 핍박하였느니라

소금과 빛

13 ● 너희는 세상의 소금이니 소금이 만일 그 맛을 잃으면 무엇으로 짜게 하리요 후에는 아무 쓸데 없어 다만 밖에 버리워 사람에게 밟힐 뿐이니라

14 너희는 세상의 빛이라 산 위에 있는 동네가 숨기우지 못할 것이요

15 사람이 등불을 켜서 말 아래 두지 아니하고 등경 위에 두나니 이러므로 집안 모든 사람에게 비취느니라

Date. / /

16 이같이 너희 빛을 사람 앞에 비취게 하여 저희로 너희 착한 행실을 보고
하늘에 계신 너희 아버지께 영광을 돌리게 하라

예수와 율법

17 ● 내가 율법이나 선지자나 폐하러 온 줄로 생각지 말라 폐하러 온 것이 아
니요 완전케 하려 함이로라
18 진실로 너희에게 이르노니 천지가 없어지기 전에는 율법의 일점 일획이라
도 반드시 없어지지 아니하고 다 이루리라
19 그러므로 누구든지 이 계명 중에 지극히 작은 것 하나라도 버리고 또 그같
이 사람을 가르치는 자는 천국에서 지극히 작다 일컬음을 받을 것이요 누
구든지 이를 행하며 가르치는 자는 천국에서 크다 일컬음을 받으리라
20 내가 너희에게 이르노니 너희 의가 서기관과 바리새인보다 더 낫지 못하
면 결단코 천국에 들어가지 못하리라

노하지 말라

21 ● 옛 사람에게 말한 바 살인치 말라 누구든지 살인하면 심판을 받게 되리
라 하였다는 것을 너희가 들었으나
22 나는 너희에게 이르노니 형제에게 노하는 자마다 심판을 받게 되고 형제
를 대하여 라가라 하는 자는 공회에 잡히게 되고 미련한 놈이라 하는 자는
지옥 불에 들어가게 되리라
23 그러므로 예물을 제단에 드리다가 거기서 네 형제에게 원망 들을 만한 일
이 있는 줄 생각나거든
24 예물을 제단 앞에 두고 먼저 가서 형제와 화목하고 그 후에 와서 예물을
드리라

Date.　　/　　/

25 너를 송사하는 자와 함께 길에 있을 때에 급히 사화하라 그 송사하는 자가
너를 재판관에게 내어주고 재판관이 관예에게 내어주어 옥에 가둘까 염려
하라

26 진실로 네게 이르노니 네가 호리라도 남김이 없이 다 갚기 전에는 결단코
거기서 나오지 못하리라

간음하지 말라

27 ●또 간음치 말라 하였다는 것을 너희가 들었으나

28 나는 너희에게 이르노니 여자를 보고 음욕을 품는 자마다 마음에 이미 간
음하였느니라

29 만일 네 오른눈이 너로 실족케 하거든 빼어 내버리라 네 백체 중 하나가
없어지고 온몸이 지옥에 던지우지 않는 것이 유익하며

30 또한 만일 네 오른손이 너로 실족케 하거든 찍어 내버리라 네 백체 중 하
나가 없어지고 온몸이 지옥에 던지우지 않는 것이 유익하니라

31 또 일렀으되 누구든지 아내를 버리거든 이혼 증서를 줄 것이라 하였으나

32 나는 너희에게 이르노니 누구든지 음행한 연고 없이 아내를 버리면 이는
저로 간음하게 함이요 또 누구든지 버린 여자에게 장가드는 자도 간음함
이니라

맹세하지 말라

33 ● 또 옛 사람에게 말한 바 헛 맹세를 하지 말고 네 맹세한 것을 주께 지키
라 하였다는 것을 너희가 들었으나

34 나는 너희에게 이르노니 도무지 맹세하지 말찌니 하늘로도 말라 이는 하
나님의 보좌임이요

Date. / /

35 땅으로도 말라 이는 하나님의 발등상임이요 예루살렘으로도 말라 이는 큰
임금의 성임이요

36 네 머리로도 말라 이는 네가 한 터럭도 희고 검게 할 수 없음이라

37 오직 너희 말은 옳다 옳다, 아니라 아니라 하라 이에서 지나는 것은 악으
로 좇아 나느니라

보복하지 말라

38 ● 또 눈은 눈으로, 이는 이로 갚으라 하였다는 것을 너희가 들었으나

39 나는 너희에게 이르노니 악한 자를 대적지 말라 누구든지 네 오른편 빰을
치거든 왼편도 돌려 대며

40 또 너를 송사하여 속옷을 가지고자 하는 자에게 겉옷까지도 가지게 하며

41 또 누구든지 너로 억지로 오 리를 가게 하거든 그 사람과 십 리를 동행하고

42 네게 구하는 자에게 주며 네게 꾸고자 하는 자에게 거절하지 말라

원수를 사랑하라

43 ● 또 네 이웃을 사랑하고 네 원수를 미워하라 하였다는 것을 너희가 들었
으나

44 나는 너희에게 이르노니 너희 원수를 사랑하며 너희를 핍박하는 자를 위
하여 기도하라

45 이같이 한즉 하늘에 계신 너희 아버지의 아들이 되리니 이는 하나님이 그
해를 악인과 선인에게 비취게 하시며 비를 의로운 자와 불의한 자에게 내
리우심이니라

Date. / /

46 너희가 너희를 사랑하는 자를 사랑하면 무슨 상이 있으리요 세리도 이같
이 아니하느냐
47 또 너희가 너희 형제에게만 문안하면 남보다 더 하는 것이 무엇이냐 이방
인들도 이같이 아니하느냐
48 그러므로 하늘에 계신 너희 아버지의 온전하심과 같이 너희도 온전하라

Date. / /

마태복음

6장

올바른 구제

1 사람에게 보이려고 그들 앞에서 너희 의를 행치 않도록 주의하라 그렇지
아니하면 하늘에 계신 너희 아버지께 상을 얻지 못하느니라

2 ● 그러므로 구제할 때에 외식하는 자가 사람에게 영광을 얻으려고 회당
과 거리에서 하는 것같이 너희 앞에 나팔을 불지 말라 진실로 너희에게 이
르노니 저희는 자기 상을 이미 받았느니라

3 너는 구제할 때에 오른손의 하는 것을 왼손이 모르게 하여

4 네 구제함이 은밀하게 하라 은밀한 중에 보시는 너의 아버지가 갚으시리라

기도를 가르치시다

5 ● 또 너희가 기도할 때에 외식하는 자와 같이 되지 말라 저희는 사람에게
보이려고 회당과 큰 거리 어귀에 서서 기도하기를 좋아하느니라 내가 진
실로 너희에게 이르노니 저희는 자기 상을 이미 받았느니라

6 너는 기도할 때에 네 골방에 들어가 문을 닫고 은밀한 중에 계신 네 아버
지께 기도하라 은밀한 중에 보시는 네 아버지께서 갚으시리라

7 또 기도할 때에 이방인과 같이 중언부언하지 말라 저희는 말을 많이 하여
야 들으실 줄 생각하시느니라

8 그러므로 저희를 본받지 말라 구하기 전에 너희에게 있어야 할 것을 하나
님 너희 아버지께서 아시느니라

9 그러므로 너희는 이렇게 기도하라 하늘에 계신 우리 아버지여 이름이 거
룩히 여김을 받으시오며

10 나라이 임하옵시며 뜻이 하늘에서 이룬 것같이 땅에서도 이루어지이다

11 오늘날 우리에게 일용할 양식을 주옵시고

Date. / /

12 우리가 우리에게 죄 지은 자를 사하여 준 것같이 우리 죄를 사하여 주옵시고
13 우리를 시험에 들게 하지 마옵시고 다만 악에서 구하옵소서 (나라와 권세
와 영광이 아버지께 영원히 있사옵나이다 아멘)
14 너희가 사람의 과실을 용서하면 너희 천부께서도 너희 과실을 용서하시려
니와
15 너희가 사람의 과실을 용서하지 아니하면 너희 아버지께서도 너희 과실을
용서하지 아니하시리라

올바른 금식

16 ● 금식할 때에 너희는 외식하는 자들과 같이 슬픈 기색을 내지 말라 저희
는 금식하는 것을 사람에게 보이려고 얼굴을 흉하게 하느니라 내가 진실
로 너희에게 이르노니 저희는 자기 상을 이미 받았느니라
17 너는 금식할 때에 머리에 기름을 바르고 얼굴을 씻으라
18 이는 금식하는 자로 사람에게 보이지 않고 오직 은밀한 중에 계신 네 아버
지께 보이게 하려 함이라 은밀한 중에 보시는 네 아버지께서 갚으시리라

보물을 하늘에 쌓아 두라

19 ●너희를 위하여 보물을 땅에 쌓아 두지 말라 거기는 좀과 동록이 해하며
도적이 구멍을 뚫고 도적질하느니라
20 오직 너희를 위하여 보물을 하늘에 쌓아 두라 거기는 좀이나 동록이 해하
지 못하며 도적이 구멍을 뚫지도 못하고 도적질도 못하느니라
21 네 보물 있는 그곳에는 네 마음도 있느니라
22 눈은 몸의 등불이니 그러므로 네 눈이 성하면 온몸이 밝을 것이요

Date.　　/　　/

23 눈이 나쁘면 온몸이 어두울 것이니 그러므로 네게 있는 빛이 어두우면 그
어두움이 얼마나 하겠느뇨

24 한 사람이 두 주인을 섬기지 못할 것이니 혹 이를 미워하며 저를 사랑하거
나 혹 이를 중히 여기며 저를 경히 여김이라 너희가 하나님과 재물을 겸하
여 섬기지 못하느니라

25 그러므로 내가 너희에게 이르노니 목숨을 위하여 무엇을 먹을까 무엇을
마실까 몸을 위하여 무엇을 입을까 염려하지 말라 목숨이 음식보다 중하
지 아니하며 몸이 의복보다 중하지 아니하냐

26 공중의 새를 보라 심지도 않고 거두지도 않고 창고에 모아 들이지도 아니
하되 너희 천부께서 기르시나니 너희는 이것들보다 귀하지 아니하냐

27 너희 중에 누가 염려함으로 그 키를 한 자나 더할 수 있느냐

28 또 너희가 어찌 의복을 위하여 염려하느냐 들의 백합화가 어떻게 자라는
가 생각하여 보라 수고도 아니하고 길쌈도 아니하느니라

29 그러나 내가 너희에게 말하노니 솔로몬의 모든 영광으로도 입은 것이 이
꽃 하나만 같지 못하였느니라

30 오늘 있다가 내일 아궁이에 던지우는 들풀도 하나님이 이렇게 입히시거든
하물며 너희일까보냐 믿음이 적은 자들아

31 그러므로 염려하여 이르기를 무엇을 먹을까 무엇을 마실까 무엇을 입을까
하지 말라

32 이는 다 이방인들이 구하는 것이라 너희 천부께서 이 모든 것이 너희에게
있어야 할 줄을 아시느니라

33 너희는 먼저 그의 나라와 그의 의를 구하라 그리하면 이 모든 것을 너희에
게 더하시리라

34 그러므로 내일 일을 위하여 염려하지 마라 내일 일은 내일 염려할 것이요
한 날 괴로움은 그 날에 족하니라

Date. / /

너희는 먼저 그의 나라와
그의 의를 구하라 그리하면
이 모든 것을 너희에게 더하시리라

- 마태복음 6장 33절

마태복음

7장

비판하지 말라

1 비판을 받지 아니하려거든 비판하지 말라

2 너희의 비판하는 그 비판으로 너희가 비판을 받을 것이요 너희의 헤아리는 그 헤아림으로 너희가 헤아림을 받을 것이니라

3 어찌하여 형제의 눈 속에 있는 티는 보고 네 눈 속에 있는 들보는 깨닫지 못하느냐

4 보라 네 눈 속에 들보가 있는데 어찌하여 형제에게 말하기를 나로 네 눈 속에 있는 티를 빼게 하라 하겠느냐

5 외식하는 자여 먼저 네 눈 속에서 들보를 빼어라 그 후에야 밝히 보고 형제의 눈 속에서 티를 빼리라

6 거룩한 것을 개에게 주지 말며 너희 진주를 돼지 앞에 던지지 말라 저희가 그것을 발로 밟고 돌이켜 너희를 찢어 상할까 염려하라

구하라, 찾으라, 문을 두드리라

7 ● 구하라 그러면 너희에게 주실 것이요 찾으라 그러면 찾을 것이요 문을 두드리라 그러면 너희에게 열릴 것이니

8 구하는 이마다 얻을 것이요 찾는 이가 찾을 것이요 두드리는 이에게 열릴 것이니라

9 너희 중에 누가 아들이 떡을 달라 하면 돌을 주며

10 생선을 달라 하면 뱀을 줄 사람이 있겠느냐

11 너희가 악한 자라도 좋은 것으로 자식에게 줄줄 알거든 하물며 하늘에 계신 너희 아버지께서 구하는 자에게 좋은 것으로 주시지 않겠느냐

Date.　　/　　/

12 그러므로 무엇이든지 남에게 대접을 받고자 하는대로 너희도 남을 대접하
라 이것이 율법이요 선지자니라

좁은 문

13 ● 좁은 문으로 들어가라 멸망으로 인도하는 문은 크고 그 길이 넓어 그리
로 들어가는 자가 많고
14 생명으로 인도하는 문은 좁고 길이 협착하여 찾는 이가 적음이니라

열매로 그 나무를 안다

15 ● 거짓 선지자들을 삼가라 양의 옷을 입고 너희에게 나아오나 속에는 노
략질하는 이리라
16 그의 열매로 그들을 알찌니 가시나무에서 포도를, 또는 엉겅퀴에서 무화
과를 따겠느냐
17 이와 같이 좋은 나무마다 아름다운 열매를 맺고 못된 나무가 나쁜 열매를
맺나니
18 좋은 나무가 나쁜 열매를 맺을 수 없고 못된 나무가 아름다운 열매를 맺을
수 없느니라
19 아름다운 열매를 맺지 아니하는 나무마다 찍혀 불에 던지우느니라
20 이러므로 그의 열매로 그들을 알리라
21 나더라 주여 주여 하는 자마다 천국에 다 들어갈 것이 아니요 다만 하늘에
계신 내 아버지의 뜻대로 행하는 자라야 들어가리라
22 그 날에 많은 사람이 나더러 이르되 주여 주여 우리가 주의 이름으로 선지
자 노릇하며 주의 이름으로 귀신을 쫓아내며 주의 이름으로 많은 권능을
행치 아니하였나이까 하리니

Date. / /

23 그때에 내가 저희에게 밝히 말하되 내가 너희를 도무지 알지 못하니 불법
을 행하는 자들아 내게서 떠나가라 하리라

24 그러므로 누구든지 나의 이 말을 듣고 행하는 자는 그 집을 반석 위에 지
은 지혜로운 사람 같으리니

25 비가 내리고 창수가 나고 바람이 불어 그 집에 부딪히되 무너지지 아니하
나니 이는 주초를 반석 위에 놓은 연고요

26 나의 이 말을 듣고 행치 아니하는 자는 그 집을 모래 위에 지은 어리석은
사람 같으리니

27 비가 내리고 창수가 나고 바람이 불어 그 집에 부딪히매 무너져 그 무너짐
이 심하니라

무리들이 가르치심에 놀라다

28 ● 예수께서 이 말씀을 마치시매 무리들이 그 가르치심에 놀래니

29 이는 그 가르치시는 것이 권세 있는 자와 같고 저희 서기관들과 같지 아니
함일러라

Date. / /

마태복음

8장

나병환자를 깨끗하게 하시다

1 예수께서 산에서 내려오시니 허다한 무리가 좇으니라

2 한 문둥병자가 나아와 절하고 가로되 주여 원하시면 저를 깨끗케 하실 수
있나이다 하거늘

3 예수께서 손을 내밀어 저에게 대시며 가라사대 내가 원하노니 깨끗함을
받으라 하신대 즉시 그의 문둥병이 깨끗하여진지라

4 예수께서 이르시되 삼가 아무에게도 이르지 말고 다만 가서 제사장에게 네
몸을 보이고 모세의 명한 예물을 드려 저희에게 증거하라 하시니라

백부장의 하인을 고치시다

5 ● 예수께서 가버나움에 들어가시니 한 백부장이 나아와 간구하여

6 가로되 주여 내 하인이 중풍병으로 집에 누워 몹시 괴로와하나이다

7 가라사대 내가 가서 고쳐 주리라

8 백부장이 대답하여 가로되 주여 내 집에 들어오심을 나는 감당치 못하겠
사오니 다만 말씀으로만 하옵소서 그러면 내 하인이 낫겠삽나이다

9 나도 남의 수하에 있는 사람이요 내 아래도 군사가 있으니 이더러 가라 하
면 가고 저더러 오라 하면 오고 내 종더러 이것을 하라 하면 하나이다

10 예수께서 들으시고 기이히 여겨 좇는 자들에게 이르시되 내가 진실로 너
희에게 이르노니 이스라엘 중 아무에게서도 이만한 믿음을 만나 보지 못
하였노라

11 또 너희에게 이르노니 동서로부터 많은 사람이 이르러 아브라함과 이삭과
야곱과 함께 천국에 앉으려니와

12 나라의 본 자손들은 바깥 어두운데 쫓겨나 거기서 울며 이를 갊이 있으리라

Date.　　/　　/

13 예수께서 백부장에게 이르시되 가라 네 믿은 대로 될찌어다 하시니 그 시
로 하인이 나으니라

많은 사람을 고치시다

14 ● 예수께서 베드로의 집에 들어가사 그의 장모가 열병으로 앓아 누운 것
을 보시고

15 그의 손을 만지시니 열병이 떠나가고 여인이 일어나서 예수께 수종들더라

16 저물매 사람들이 귀신 들린 자를 많이 데리고 예수께 오거늘 예수께서 말
씀으로 귀신들을 쫓아내시고 병든 자를 다 고치시니

17 이는 선지자 이사야로 하신 말씀에 우리 연약한 것을 친히 담당하시고 병
을 짊어지셨도다 함을 이루려 하심이더라

예수를 좇으려면

18 ● 예수께서 무리가 자기를 에워쌈을 보시고 저 편으로 건너가기를 명하
시니라

19 한 서기관이 나아와 예수께 말씀하되 선생님이여 어디로 가시든지 저는
좇으리이다

20 예수께서 이르시되 여우도 굴이 있고 공중의 새도 거처가 있으되 오직 인
자는 머리 둘 곳이 없다 하시더라

21 제자 중에 또 하나가 가로되 주여 나로 먼저 가서 내 부친을 장사하게 허
락하옵소서

22 예수께서 가라사대 죽은 자들로 저희 죽은 자를 장사하게 하고 너는 나를
좇으라 하시니라

Date. / /

바람과 바다를 잔잔하게 하시다

23 ● 배에 오르시매 제자들이 좇았더니

24 바다에 큰 놀이 일어나 물결이 배에 덮이게 되었으되 예수는 주무시는지라

25 그 제자들이 나아와 깨우며 가로되 주여 구원하소서 우리가 죽겠나이다

26 예수께서 이르시되 어찌하여 무서워하느냐 믿음이 적은 자들아 하시고 곧 일어나사 바람과 바다를 꾸짖으신대 아주 잔잔하게 되거늘

27 그 사람들이 기이히 여겨 가로되 이 어떠한 사람이기에 바람과 바다도 순종하는고 하더라

귀신 들린 두 사람을 고치시다

28 ● 또 예수께서 건너편 가다라 지방에 가시매 귀신 들린 자 둘이 무덤 사이에서 나와 예수를 만나니 저희는 심히 사나와 아무도 그 길로 지나갈 수 없을 만하더라

29 이에 저희가 소리질러 가로되 하나님의 아들이여 우리와 당신과 무슨 상관이 있나이까 때가 이르기 전에 우리를 괴롭게 하려고 여기 오셨나이까 하더니

30 마침 멀리서 많은 돼지 떼가 먹고 있는지라

31 귀신들이 예수께 간구하여 가로되 만일 우리를 쫓아 내실찐대 돼지 떼에 들여보내소서 한대

32 저희더러 가라 하시니 귀신들이 나와서 돼지에게로 들어가는지라 온 떼가 비탈로 내리달아 바다에 들어가서 물에서 몰사하거늘

33 치던 자들이 달아나 시내에 들어가 이 모든 일과 귀신 들린 자의 일을 고하니

34 온 시내가 예수를 만나려고 나가서 보고 그 지방에서 떠나시기를 간구하더라

Date. / /

마태복음

9장

중풍병자를 고치시다

1 예수께서 배에 오르사 건너가 본 동네에 이르시니
2 침상에 누운 중풍병자를 사람들이 데리고 오거늘 예수께서 저희의 믿음을
보시고 중풍병자에게 이르시되 소자야 안심하라 네 죄 사함을 받았느리라
3 어떤 서기관들이 속으로 이르되 이 사람이 참람하도다
4 예수께서 그 생각을 아시고 가라사대 너희가 어찌하여 마음에 악한 생각
을 하느냐
5 네 죄 사함을 받았느니라 하는 말과 일어나 걸어가라 하는 말이 어느 것이
쉽겠느냐
6 그러나 인자가 세상에서 죄를 사하는 권세가 있는 줄을 너희로 알게 하려
하노라 하시고 중풍병자에게 말씀하시되 일어나 네 침상을 가지고 집으로
가라 하시니
7 그가 일어나 집으로 돌아가거늘
8 무리가 보고 두려워하며 이런 권세를 사람에게 주신 하나님께 영광을 돌
리니라

마태를 부르시다

9 ● 예수께서 거기서 떠나 지나가시다가 마태라 하는 사람이 세관에 앉은
것을 보시고 이르시되 나를 좇으라 하시니 일어나 좇으니라
10 예수께서 마태의 집에서 앉아 음식을 잡수실 때에 많은 세리와 죄인들이
와서 예수와 그 제자들과 함께 앉았더니
11 바리새인들이 보고 그 제자들에게 이르되 어찌하여 너희 선생은 세리와
죄인들과 함께 잡수시느냐

Date.　　　/　　　/

12 예수께서 들으시고 이르시되 건강한 자에게는 의원이 쓸데 없고 병든 자
에게라야 쓸데 있느니라

13 너희는 가서 내가 긍휼을 원하고 제사를 원치 아니하노라 하신 뜻이 무엇
인지 배우라 내가 의인을 부르러 온 것이 아니요 죄인을 부르러 왔노라 하
시니라

금식 논쟁

14 ● 그 때에 요한의 제자들이 예수께 나아와 가로되 우리와 바리새인들은
금식하는데 어찌하여 당신의 제자들은 금식하지 아니하나이까

15 예수께서 저희에게 이르시되 혼인집 손님들이 신랑과 함께 있을 동안에
슬퍼할 수 있느뇨 그러나 신랑을 빼앗길 날이 이르리니 그 때에는 금식할
것이니라

16 생베 조각을 낡은 옷에 붙이는 자가 없나니 이는 기운 것이 그 옷을 당기
어 해어짐이 더하게 됨이요

17 새 포도주를 낡은 가죽 부대에 넣지 아니하나니 그렇게 하면 부대가 터져
포도주도 쏟아지고 부대도 버리게 됨이라 새 포도주는 새 부대에 넣어야
둘이 다 보전되느니라

한 직원의 딸과 예수의 옷을 만진 여자

18 ●예수께서 이 말씀을 하실 때에 한 직원이 와서 절하고 가로되 내 딸이 방
장 죽었사오나 오셔서 그 몸에 손을 얹으소서 그러면 살겠나이다 하니

19 예수께서 일어나 따라 가시매 제자들도 가더니

20 열두 해를 혈루증으로 앓는 여자가 예수의 뒤로 와서 그 겉옷 가를 만지니

Date.　　/　　/

21 이는 제 마음에 그 겉옷만 만져도 구원을 받겠다 함이라
22 예수께서 돌이켜 그를 보시며 가라사대 딸아 안심하라 네 믿음이 너를 구
원하였다 하시니 여자가 그 시로 구원을 받으니라
23 예수께서 그 직원의 집에 가사 피리 부는 자들과 훤화하는 무리를 보시고
24 가라사대 물러가라 이 소녀가 죽은 것이 아니라 잔다 하시니 저들이 비웃
더라
25 무리를 내어 보낸 후에 예수께서 들어가사 소녀의 손을 잡으시매 일어나
는지라
26 그 소문이 그 온 땅에 퍼지더라

두 맹인을 고치시다

27 ● 예수께서 거기서 떠나 가실쌔 두 소경이 따라 오며 소리 질러 가로되 다
윗의 자손이여 우리를 불쌍히 여기소서 하더니
28 예수께서 집에 들어가시매 소경들이 나아오거늘 예수께서 이르시되 내가
능히 이 일 할 줄을 믿느냐 대답하되 주여 그러하오이다 하니
29 이에 예수께서 저희 눈을 만지시며 가라사대 너희 믿음대로 되라 하신대
30 그 눈들이 밝아진지라 예수께서 엄히 경계하시되 삼가 아무에게도 알게
하지 말라 하셨으나
31 저희가 나가서 예수의 소문을 그 온 땅에 전파하니라

벙어리를 고치시다

32 ● 저희가 나갈 때에 귀신 들려 벙어리 된 자를 예수께 데려오니

Date. / /

33 귀신이 쫓겨나고 벙어리가 말하거늘 무리가 기이히 여겨 가로되 이스라엘
가운데서 이런 일을 본 때가 없다 하되

34 바리새인들은 가로되 저가 귀신의 왕을 빙자하여 귀신을 쫓아낸다 하더라

목자 없는 양

35 ● 예수께서 모든 성과 촌에 두루 다니사 저희 회당에서 가르치시며 천국
복음을 전파하시며 모든 병과 모든 약한 것을 고치시니라

36 무리를 보시고 민망히 여기시니 이는 저희가 목자 없는 양과 같이 고생하
며 유리함이라

37 이에 제자들에게 이르시되 추수할 것은 많되 일군은 적으니

38 그러므로 추수하는 주인에게 청하여 추수할 일군들을 보내어 주소서 하라
하시니라

Date. / /

구하라 그러면 너희에게 주실 것이요
찾으라 그러면 찾을 것이요
문을 두드리라
그러면 너희에게 열릴 것이니

- 마태복음 7장 7절

마태복음

10장

열두 제자를 부르시다

1 예수께서 그 열두 제자를 부르사 더러운 귀신을 쫓아내며 모든 병과 모든
약한 것을 고치는 권능을 주시니라

열두 제자의 전도

2 ● 열두 사도의 이름은 이러하니 베드로라 하는 시몬을 비롯하여 그의 형
제 안드레와 세베대의 아들 야고보와 그의 형제 요한,

3 빌립과 바돌로매, 도마와 세리 마태, 알패오의 아들 야고보와 다대오,

4 가나안인 시몬과 및 가룟 유다 곧 예수를 판 자라

5 예수께서 이 열둘을 내어보내시며 명하여 가라사대 이방인의 길로도 가지
말고 사마리아인의 고을에도 들어가지 말고

6 차라리 이스라엘 집의 잃어버린 양에게로 가라

7 가면서 전파하여 말하되 천국이 가까왔다 하고

8 병든 자를 고치며 죽은 자를 살리며 문둥이를 깨끗하게 하며 귀신을 쫓아
내되 너희가 거저 받았으니 거저 주어라

9 너희 전대에 금이나 은이나 동이나 가지지 말고

10 여행을 위하여 주머니나 두 벌 옷이나 신이나 지팡이를 가지지 말라 이는
일군이 저 먹을 것 받는 것이 마땅함이니라

11 아무 성이나 촌에 들어가든지 그중에 합당한 자를 찾아내어 너희 떠나기
까지 거기서 머물라

12 또 그 집에 들어가면서 평안하기를 빌라

13 그 집이 이에 합당하면 너희 빈 평안이 거기 임할 것이요 만일 합당치 아
니하면 그 평안이 너희에게 돌아올 것이니라

Date.　　/　　/

14 누구든지 너희를 영접도 아니하고 너희 말을 듣지도 아니하거든 그 집이
나 성에서 나가 너희 발의 먼지를 떨어 버리라

15 내가 진실로 너희에게 이르노니 심판날에 소돔과 고모라 땅이 그 성보다
견디기 쉬우리라

핍박을 받을 것이다

16 ● 보라 내가 너희를 보냄이 양을 이리 가운데 보냄과 같도다 그러므로 너
희는 뱀같이 지혜롭고 비둘기같이 순결하라

17 사람들을 삼가라 저희가 너희를 공회에 넘겨주겠고 저희 회당에서 채찍질
하리라

18 또 너희가 나를 인하여 총독들과 임금들 앞에 끌려가리니 이는 저희와 이
방인들에게 증거가 되게 하려 하심이라

19 너희를 넘겨줄 때에 어떻게 또는 무엇을 말할까 염려치 말라 그 때에 무슨
말할 것을 주시리니

20 말하는 이는 너희가 아니라 너희 속에서 말씀하시는 자 곧 너희 아버지의
성령이시니라

21 장차 형제가 형제를, 아비가 자식을 죽는데 내어주며 자식들이 부모를 대
적하여 죽게 하리라

22 또 너희가 내 이름을 인하여 모든 사람에게 미움을 받을 것이나 나중까지
견디는 자는 구원을 얻으리라

23 이 동네에서 너희를 핍박하거든 저 동네로 피하라 내가 진실로 너희에게
이르노니 이스라엘의 모든 동네를 다 다니지 못하여서 인자가 오리라

Date.　　/　　/

두려워해야 할 분을 두려워하라

24 ● 제자가 그 선생보다, 또는 종이 그 상전보다 높지 못하나니

25 제자가 그 선생 같고 종이 그 상전 같으면 족하도다 집주인을 바알세불이
라 하였거든 하물며 그 집 사람들이랴

26 그런즉 저희를 두려워하지 말라 감추인 것이 드러나지 않을 것이 없고 숨
은 것이 알려지지 않을 것이 없느니라

27 내가 너희에게 어두운 데서 이르는 것을 광명한 데서 말하며 너희가 귓속
으로 듣는 것을 집 위에서 전파하라

28 몸은 죽여도 영혼은 능히 죽이지 못하는 자들을 두려워하지 말고 오직 몸
과 영혼을 능히 지옥에 멸하시는 자를 두려워하라

29 참새 두 마리가 한 앗사리온에 팔리는 것이 아니냐 그러나 너희 아버지께
서 허락지 아니하시면 그 하나라도 땅에 떨어지지 아니하리라

30 너희에게는 머리털까지 다 세신 바 되었나니

31 두려워하지 말라 너희는 많은 참새보다 귀하니라

32 누구든지 사람 앞에서 나를 시인하면 나도 하늘에 계신 내 아버지 앞에서
저를 시인할 것이요

33 누구든지 사람 앞에서 나를 부인하면 나도 하늘에 계신 내 아버지 앞에서
저를 부인하리라

검을 주러 왔다

34 ● 내가 세상에 화평을 주러 온 줄로 생각지 말라 화평이 아니요 검을 주러
왔노라

35 내가 온 것은 사람이 그 아비와, 딸이 어미와, 며느리가 시어미와 불화하
게 하려 함이니

Date. / /

36 사람의 원수가 자기 집안 식구리라

37 아비나 어미를 나보다 더 사랑하는 자는 내게 합당치 아니하고 아들이나
딸을 나보다 더 사랑하는 자도 내게 합당치 아니하고

38 또 자기 십자가를 지고 나를 좇지 않는 자도 내게 합당치 아니하니라

39 자기 목숨을 얻는 자는 잃을 것이요 나를 위하여 자기 목숨을 잃는 자는
얻으리라

상을 받을 사람

40 ● 너희를 영접하는 자는 나를 영접하는 것이요 나를 영접하는 자는 나 보
내신 이를 영접하는 것이니라

41 선지자의 이름으로 선지자를 영접하는 자는 선지자의 상을 받을 것이요
의인의 이름으로 의인을 영접하는 자는 의인의 상을 받을 것이요

42 또 누구든지 제자의 이름으로 이 소자 중 하나에게 냉수 한 그릇이라도 주
는 자는 내가 진실로 너희에게 이르노니 그 사람이 결단코 상을 잃지 아니
하리라 하시니라

Date. / /

마태복음

11장

1 예수께서 열두 제자에게 명하시기를 마치시고 이에 저희 여러 동네에서
가르치시며 전도하시려고 거기를 떠나 가시니라

세례 요한의 제자들에게 대답하시다

2 ● 요한이 옥에서 그리스도의 하신 일을 듣고 제자들을 보내어
3 예수께 여짜오되 오실 그이가 당신이오니이까 우리가 다른이를 기다리오
리이까
4 예수께서 대답하여 가라사대 너희가 가서 듣고 보는 것을 요한에게 고하되
5 소경이 보며 앉은뱅이가 걸으며 문둥이가 깨끗함을 받으며 귀머거리가 들
으며 죽은 자가 살아나며 가난한 자에게 복음이 전파된다 하라
6 누구든지 나를 인하여 실족하지 아니하는 자는 복이 있도다 하시니라
7 저희가 떠나매 예수께서 무리에게 요한에 대하여 말씀하시되 너희가 무엇
을 보려고 광야에 나갔더냐 바람에 흔들리는 갈대냐
8 그러면 너희가 무엇을 보려고 나갔더냐 부드러운 옷 입은 사람이냐 부드
러운 옷을 입은 자들은 왕궁에 있느니라
9 그러면 너희가 어찌하여 나갔더냐 선지자를 보려더냐 옳다 내가 너희에게
이르노니 선지자보다도 나은 자니라
10 기록된 바 보라 내가 내 사자를 네 앞에 보내노니 저가 네 길을 네 앞에 예
비하리라 하신 것이 이 사람에 대한 말씀이니라
11 내가 진실로 너희에게 말하노니 여자가 낳은 자 중에 세례 요한보다 큰 이
가 일어남이 없도다 그러나 천국에서는 극히 작은 자라도 저보다 크니라
12 세례 요한의 때부터 지금까지 천국은 침노를 당하나니 침노하는 자는 빼
앗느니라

Date.　　/　　/

13 모든 선지자와 및 율법의 예언한 것이 요한까지니

14 만일 너희가 즐겨 받을찐대 오리라 한 엘리야가 곧 이 사람이니라

15 귀 있는 자는 들을찌어다

16 이 세대를 무엇으로 비유할꼬 비유컨대 아이들이 장터에 앉아 제 동무를
불러

17 가로되 우리가 너희를 향하여 피리를 불어도 너희가 춤추지 않고 우리가
애곡하여도 너희가 가슴을 치지 아니하였다 함과 같도다

18 요한이 와서 먹지도 않고 마시지도 아니하매 저희가 말하기를 귀신이 들
렸다 하더니

19 인자는 와서 먹고 마시매 말하기를 보라 먹기를 탐하고 포도주를 즐기는
사람이요 세리와 죄인의 친구로 다 하니 지혜는 그 행한 일로 인하여 옳다
함을 얻느니라

회개치 아니하는 고을에 화가 있으라

20 ● 예수께서 권능을 가장 많이 베푸신 고을들이 회개치 아니하므로 그 때
에 책망하시되

21 화가 있을찐저 고라신아 화가 있을찐저 벳새다야 너희에게서 행한 모든
권능을 두로와 시돈에서 행하였더면 저희가 벌써 베옷을 입고 재에 앉아
회개하였으리라

22 내가 너희에게 이르노니 심판날에 두로와 시돈이 너희보다 견디기 쉬우
리라

23 가버나움아 네가 하늘에까지 높아지겠느냐 음부에까지 낮아지리라 네게서
행한 모든 권능을 소돔에서 행하였더면 그 성이 오늘날까지 있었으리라

Date.　　/　　/

24 내가 너희에게 이르노니 심판 날에 소돔 땅이 너보다 견디기 쉬우리라 하
시니라

내게로 오라

25 ● 그 때에 예수께서 대답하여 가라사대 천지의 주재이신 아버지여 이것
을 지혜롭고 슬기 있는 자들에게는 숨기시고 어린 아이들에게는 나타내심
을 감사하나이다

26 옳소이다 이렇게 된 것이 아버지의 뜻이니이다

27 내 아버지께서 모든 것을 내게 주셨으니 아버지 외에는 아들을 아는 자가
없고 아들과 또 아들의 소원대로 계시를 받는 자 외에는 아버지를 아는 자
가 없느니라

28 수고하고 무거운 짐진 자들아 다 내게로 오라 내가 너희를 쉬게 하리라

29 나는 마음이 온유하고 겸손하니 나의 멍에를 메고 내게 배우라 그러면 너
희 마음이 쉼을 얻으리니

30 이는 내 멍에는 쉽고 내 짐은 가벼움이라 하시니라

Date.　　/　　/

마태복음

12장

안식일에 밀 이삭을 자르다

1 그 때에 예수께서 안식일에 밀밭 사이로 가실쌔 제자들이 시장하여 이삭
을 잘라 먹으니
2 바리새인들이 보고 예수께 고하되 보시오 당신의 제자들이 안식일에 하지
못할 일을 하나이다
3 예수께서 가라사대 다윗이 자기와 그 함께한 자들이 시장할 때에 한 일을
읽지 못하였느냐
4 그가 하나님의 전에 들어가서 제사장 외에는 자기나 그 함께한 자들이 먹
지 못하는 진설병을 먹지 아니하였느냐
5 또 안식일에 제사장들이 성전 안에서 안식을 범하여도 죄가 없음을 너희
가 율법에서 읽지 못하였느냐
6 내가 너희에게 이르노니 성전보다 더 큰 이가 여기 있느니라
7 나는 자비를 원하고 제사를 원치 아니하노라 하신 뜻을 너희가 알았더면
무죄한 자를 죄를 정치 아니하였으리라
8 인자는 안식일의 주인이니라 하시니라

안식일에 손 마른 사람을 고치시다

9 ● 거기를 떠나 저희 회당에 들어가시니
10 한편 손 마른 사람이 있는지라 사람들이 예수를 송사하려 하여 물어 가로
되 안식일에 병 고치는 것이 옳으니이까
11 예수께서 가라사대 너희 중에 어느 사람이 양 한 마리가 있어 안식일에 구
덩이에 빠졌으면 붙잡아 내지 않겠느냐

Date.　　/　　/

12 사람이 양보다 얼마나 더 귀하냐 그러므로 안식일에 선을 행하는 것이 옳
으니라 하시고

13 이에 그 사람에게 이르시되 손을 내밀라 하시니 저가 내밀매 다른 손과 같
이 회복되어 성하더라

14 바리새인들이 나가서 어떻게 하여 예수를 죽일꼬 의논하거늘

15 예수께서 아시고 거기를 떠나가시니 사람이 많이 좇는지라 예수께서 저희
병을 다 고치시고

16 자기를 나타내지 말라 경계하셨으니

17 이는 선지자 이사야로 말씀하신 바

18 보라 나의 택한 종 곧 내 마음에 기뻐하는 바 나의 사랑하는 자로다 내가
내 성령을 줄 터이니 그가 심판을 이방에 알게 하리라

19 그가 다투지도 아니하며 들레지도 아니하리니 아무도 길에서 그 소리를
듣지 못하리라

20 상한 갈대를 꺾지 아니하며 꺼져가는 심지를 끄지 아니하기를 심판하여
이길 때까지 하리니

21 또한 이방들이 그 이름을 바라리라 함을 이루려 하심이니라

예수와 바알세불

22 ● 그 때에 귀신들려 눈 멀고 벙어리 된 자를 데리고 왔거늘 예수께서 고쳐
주시매 그 벙어리가 말하며 보게 된지라

23 무리가 다 놀라 가로되 이는 다윗의 자손이 아니냐 하니

24 바리새인들은 듣고 가로되 이가 귀신의 왕 바알세불을 힘입지 않고는 귀
신을 쫓아내지 못하느니라 하거늘

Date. / /

25 예수께서 저희 생각을 아시고 가라사대 스스로 분쟁하는 나라마다 황폐하
여질 것이요 스스로 분쟁하는 동네나 집마다 서지 못하리라
26 사단이 만일 사단을 쫓아내면 스스로 분쟁하는 것이니 그리하고야 저의
나라가 어떻게 서겠느냐
27 또 내가 바알세불을 힘입어 귀신을 쫓아내면 너희 아들들은 누구를 힘입
어 쫓아내느냐 그러므로 저희가 너희 재판관이 되리라
28 그러나 내가 하나님의 성령을 힘입어 귀신을 쫓아내는 것이면 하나님의
나라가 이미 너희에게 임하였느니라
29 사람이 먼저 강한 자를 결박하지 않고야 어떻게 그 강한 자의 집에 들어가
그 세간을 늑탈하겠느냐 결박한 후에야 그 집을 늑탈하리라
30 나와 함께 아니하는 자는 나를 반대하는 자요 나와 함께 모으지 아니하는
자는 헤치는 자니라
31 그러므로 내가 너희에게 이르노니 사람의 모든 죄와 훼방은 사하심을 얻
되 성령을 훼방하는 것은 사하심을 얻지 못하겠고
32 또 누구든지 말로 인자를 거역하면 사하심을 얻되 누구든지 말로 성령을
거역하면 이 세상과 오는 세상에도 사하심을 얻지 못하리라
33 나무도 좋고 실과도 좋다 하든지 나무도 좋지 않고 실과도 좋지 않다 하든
지 하라 그 실과로 나무를 아느니라
34 독사의 자식들아 너희는 악하니 어떻게 선한 말을 할 수 있느냐 이는 마음
에 가득한 것을 입으로 말함이라
35 선한 사람은 그 쌓은 선에서 선한 것을 내고 악한 사람은 그 쌓은 악에서
악한 것을 내느니라
36 내가 너희에게 이르노니 사람이 무슨 무익한 말을 하든지 심판날에 이에
대하여 심문을 받으리니

Date. / /

37 네 말로 의롭다 함을 받고 네 말로 정죄함을 받으리라

악한 세대가 표적을 구하나

38 ● 그 때에 서기관과 바리새인 중 몇 사람이 말하되 선생님이여 우리에게
표적 보여주시기를 원하나이다

39 예수께서 대답하여 가라사대 악하고 음란한 세대가 표적을 구하나 선지자
요나의 표적밖에는 보일 표적이 없느니라

40 요나가 밤낮 사흘을 큰 물고기 뱃속에 있었던 것같이 인자도 밤낮 사흘을
땅속에 있으리라

41 심판 때에 니느웨 사람들이 일어나 이 세대 사람을 정죄하리니 이는 그들
이 요나의 전도를 듣고 회개하였음이어니와 요나보다 더 큰 이가 여기 있
으며

42 심판 때에 남방 여왕이 일어나 이 세대 사람을 정죄하리니 이는 그가 솔로
몬의 지혜로운 말을 들으려고 땅끝에서 왔음이어니와 솔로몬보다 더 큰
이가 여기 있느니라

43 더러운 귀신이 사람에게서 나갔을 때에 물 없는 곳으로 다니며 쉬기를 구
하되 얻지 못하고

44 이에 가로되 내가 나온 집으로 돌아가리라 하고 와 보니 그 집이 비고 소
제되고 수리되었거늘

45 이에 가서 저보다 더 악한 귀신 일곱을 데리고 들어가서 거하니 그 사람의
나중 형편이 전보다 더욱 심하게 되느니라 이 악한 세대가 또한 이렇게 되
리라

Date.　　/　　/

예수의 모친과 형제 자매

46 ● 예수께서 무리에게 말씀하실 때에 그 모친과 동생들이 예수께 말하려
고 밖에 섰더니

47 한 사람이 예수께 여짜오되 보소서 당신의 모친과 동생들이 당신께 말하
려고 밖에 섰나이다 하니

48 말하던 사람에게 대답하여 가라사대 누가 내 모친이며 내 동생들이냐 하
시고

49 손을 내밀어 제자들을 가리켜 가라사대 나의 모친과 나의 동생들을 보라

50 누구든지 하늘에 계신 내 아버지의 뜻대로 하는 자가 내 형제요 자매요 모
친이니라 하시더라

Date. / /

수고하고 무거운 짐진 자들아
다 내게로 오라 내가 너희를 쉬게 하리라

- 마태복음 11장 28절

마태복음

13장

네 가지 땅에 뿌려진 씨 비유

1 그 날에 예수께서 집에서 나가사 바닷가에 앉으시매

2 큰 무리가 그에게로 모여들거늘 예수께서 배에 올라가 앉으시고 온 무리
는 해변에 섰더니

3 예수께서 비유로 여러 가지를 저희에게 말씀하여 가라사대 씨를 뿌리는
자가 뿌리러 나가서

4 뿌릴쌔 더러는 길가에 떨어지매 새들이 와서 먹어 버렸고

5 더러는 흙이 얇은 돌밭에 떨어지매 흙이 깊지 아니하므로 곧 싹이 나오나

6 해가 돋은 후에 타져서 뿌리가 없으므로 말랐고

7 더러는 가시떨기 위에 떨어지매 가시가 자라서 기운을 막았고

8 더러는 좋은 땅에 떨어지매 혹 백 배, 혹 육십 배, 혹 삼십 배의 결실을 하
였느니라

9 귀 있는 자는 들으라 하시니라

비유를 설명하시다

10 ● 제자들이 예수께 나아와 가로되 어찌하여 저희에게 비유로 말씀하시나
이까

11 대답하여 가라사대 천국의 비밀을 아는 것이 너희에게는 허락되었으나 저
희에게는 아니되었나니

12 무릇 있는 자는 받아 넉넉하게 되되 무릇 없는 자는 그 있는 것도 빼앗기
리라

13 그러므로 내가 저희에게 비유로 말하기는 저희가 보아도 보지 못하며 들
어도 듣지 못하며 깨닫지 못함이니라

Date.　　/　　/

14 이사야의 예언이 저희에게 이루었으니 일렀으되 너희가 듣기는 들어도 깨
닫지 못할 것이요 보기는 보아도 알지 못하리라

15 이 백성들의 마음이 완악하여져서 그 귀는 듣기에 둔하고 눈은 감았으니
이는 눈으로 보고 귀로 듣고 마음으로 깨달아 돌이켜 내게 고침을 받을까
두려워함이라 하였느니라

16 그러나 너희 눈은 봄으로, 너희 귀는 들음으로 복이 있도다

17 내가 진실로 너희에게 이르노니 많은 선지자와 의인이 너희 보는 것들을
보고자 하여도 보지 못하였고 너희 듣는 것들을 듣고자 하여도 듣지 못하
였느니라

18 그런즉 씨 뿌리는 비유를 들으라

19 아무나 천국 말씀을 듣고 깨닫지 못할 때는 악한 자가 와서 그 마음에 뿌
리운 것을 빼앗나니 이는 곧 길가에 뿌리운 자요

20 돌밭에 뿌리웠다는 것은 말씀을 듣고 즉시 기쁨으로 받되

21 그 속에 뿌리가 없어 잠시 견디다가 말씀을 인하여 환난이나 핍박이 일어
나는 때에는 곧 넘어지는 자요

22 가시떨기에 뿌리웠다는 것은 말씀을 들으나 세상의 염려와 재리의 유혹에
말씀이 막혀 결실치 못하는 자요

23 좋은 땅에 뿌리웠다는 것은 말씀을 듣고 깨닫는 자니 결실하여 혹 백 배,
혹 육십 배, 혹 삼십 배가 되느니라 하시더라

24 ● 예수께서 그들 앞에 또 비유를 베풀어 가라사대 천국은 좋은 씨를 제 밭
에 뿌린 사람과 같으니

25 사람들이 잘 때에 그 원수가 와서 곡식 가운데 가라지를 덧뿌리고 갔더니

26 싹이 나고 결실할 때에 가라지도 보이거늘

Date.　　/　　/

27 집주인의 종들이 와서 말하되 주여 밭에 좋은 씨를 심지 아니하였나이까
그러면 가라지가 어디서 생겼나이까
28 주인이 가로되 원수가 이렇게 하였구나 종들이 말하되 그러면 우리가 가
서 이것을 뽑기를 원하시나이까
29 주인이 가로되 가만두어라 가라지를 뽑다가 곡식까지 뽑을까 염려하노라
30 둘 다 추수 때까지 함께 자라게 두어라 추수 때에 내가 추수꾼들에게 말하
기를 가라지는 먼저 거두어 불사르게 단으로 묶고 곡식은 모아 내 곳간에
넣으라 하리라

겨자씨와 누룩의 비유

31 ● 또 비유를 베풀어 가라사대 천국은 마치 사람이 자기 밭에 갖다 심은 겨
자씨 한 알 같으니
32 이는 모든 씨보다 작은 것이로되 자란 후에는 나물보다 커서 나무가 되매
공중의 새들이 와서 그 가지에 깃들이느니라
33 ● 또 비유로 말씀하시되 천국은 마치 여자가 가루 서말 속에 갖다 넣어 전
부 부풀게 한 누룩과 같으니라

비유로 말씀하시다

34 ● 예수께서 이 모든 것을 무리에게 비유로 말씀하시고 비유가 아니면 아
무것도 말씀하지 아니하셨으니
35 이는 선지자로 말씀하신 바 내가 입을 열어 비유로 말하고 창세부터 감추
인 것들을 드러내리라 함을 이루려 하심이니라

Date.　　　/　　　/

가라지의 비유를 설명하시다

36 ●이에 예수께서 무리를 떠나사 집에 들어가시니 제자들이 나아와 가로되
밭의 가라지의 비유를 우리에게 설명하여 주소서

37 대답하여 가라사대 좋은 씨를 뿌리는 이는 인자요

38 밭은 세상이요 좋은 씨는 천국의 아들들이요 가라지는 악한 자의 아들들
이요

39 가라지를 심은 원수는 마귀요 추수 때는 세상 끝이요 추수꾼은 천사들이니

40 그런즉 가라지를 거두어 불에 사르는 것같이 세상 끝에도 그러하리라

41 인자가 그 천사들을 보내리니 저희가 그 나라에서 모든 넘어지게 하는 것
과 또 불법을 행하는 자들을 거두어 내어

42 풀무 불에 던져 넣으리니 거기서 울며 이를 갊이 있으리라

43 그 때에 의인들은 자기 아버지 나라에서 해와 같이 빛나리라 귀 있는 자는
들으라

세 가지 비유

44 ●천국은 마치 밭에 감추인 보화와 같으니 사람이 이를 발견한 후 숨겨 두
고 기뻐하여 돌아가서 자기의 소유를 다 팔아 그 밭을 샀느니라

45 ●또 천국은 마치 좋은 진주를 구하는 장사와 같으니

46 극히 값진 진주 하나를 만나매 가서 자기의 소유를 다 팔아 그 진주를 샀
느니라

47 ●또 천국은 마치 바다에 치고 각종 물고기를 모는 그물과 같으니

48 그물에 가득하매 물가로 끌어내고 앉아서 좋은 것은 그릇에 담고 못된 것
은 내어 버리느니라

Date. / /

49 세상 끝에도 이러하리라 천사들이 와서 의인 중에서 악인을 갈라 내어
50 풀무 불에 던져 넣으리니 거기서 울며 이를 갊이 있으리라

새것과 옛것

51 ● 이 모든 것을 깨달았느냐 하시니 대답하되 그러하오이다
52 예수께서 가라사대 그러므로 천국의 제자된 서기관마다 마치 새것과 옛것
을 그 곳간에서 내어오는 집주인과 같으니라

고향에서 배척을 받으시다

53 ● 예수께서 이 모든 비유를 마치신 후에 거기를 떠나서
54 고향으로 돌아가사 저희 회당에서 가르치시니 저희가 놀라 가로되 이 사
람의 이 지혜와 이런 능력이 어디서 났느뇨
55 이는 그 목수의 아들이 아니냐 그 모친은 마리아, 그 형제들은 야고보, 요
셉, 시몬, 유다라 하지 않느냐
56 그 누이들은 다 우리와 함께 있지 아니하냐 그런즉 이 사람의 이 모든 것
이 어디서 났느뇨 하고
57 예수를 배척한지라 예수께서 저희에게 말씀하시되 선지자가 자기 고향과
자기 집 외에서는 존경을 받지 않음이 없느니라 하시고
58 저희의 믿지 않음을 인하여 거기서 많은 능력을 행치 아니하시니라

Date.　　/　　/

마태복음

14장

세례 요한의 죽음

1 그 때에 분봉왕 헤롯이 예수의 소문을 듣고

2 그 신하들에게 이르되 이는 세례 요한이라 저가 죽은 자 가운데서 살아 났
으니 그러므로 이런 권능이 그 속에서 운동하는도다 하더라

3 전에 헤롯이 그 동생 빌립의 아내 헤로디아의 일로 요한을 잡아 결박하여
옥에 가두었으니

4 이는 요한이 헤롯에게 말하되 당신이 그 여자를 취한 것이 옳지 않다 하였
음이라

5 헤롯이 요한을 죽이려 하되 민중이 저를 선지자로 여기므로 민중을 두려
워하더니

6 마침 헤롯의 생일을 당하여 헤로디아의 딸이 연석 가운데서 춤을 추어 헤
롯을 기쁘게 하니

7 헤롯이 맹세로 그에게 무엇이든지 달라는 대로 주겠다 허락하거늘

8 그가 제 어미의 시킴을 듣고 가로되 세례 요한의 머리를 소반에 담아 여기
서 내게 주소서 하니

9 왕이 근심하나 자기의 맹세한 것과 그 함께 앉은 사람들을 인하여 주라 명
하고

10 사람을 보내어 요한을 옥에서 목 베어

11 그 머리를 소반에 담아다가 그 여아에게 주니 그가 제 어미에게 가져가니라

12 요한의 제자들이 와서 시체를 가져다가 장사하고 가서 예수께 고하니라

Date.　　/　　/

오천 명을 먹이시다

13 ●예수께서 들으시고 배를 타고 떠나사 따로 빈 들에 가시니 무리가 듣고
여러 고을로부터 걸어서 좇아간지라

14 예수께서 나오사 큰 무리를 보시고 불쌍히 여기사 그중에 있는 병인을 고
쳐 주시니라

15 저녁이 되매 제자들이 나아와 가로되 이곳은 빈 들이요 때도 이미 저물었
으니 무리를 보내어 마을에 들어가 먹을 것을 사먹게 하소서

16 예수께서 가라사대 갈 것 없다 너희가 먹을 것을 주어라

17 제자들이 가로되 여기 우리에게 있는 것은 떡 다섯 개와 물고기 두 마리
뿐이니이다

18 가라사대 그것을 내게 가져오라 하시고

19 무리를 명하여 잔디 위에 앉히시고 떡 다섯 개와 물고기 두 마리를 가지사
하늘을 우러러 축사하시고 떡을 떼어 제자들에게 주시매 제자들이 무리에
게 주니

20 다 배불리 먹고 남은 조각을 열두 바구니에 차게 거두었으며

21 먹은 사람은 여자와 아이 외에 오천 명이나 되었더라

물 위로 걸으시다

22 ●예수께서 즉시 제자들을 재촉하사 자기가 무리를 보내는 동안에 배를
타고 앞서 건너편으로 가게 하시고

23 무리를 보내신 후에 기도하러 따로 산에 올라가시다 저물매 거기 혼자 계
시더니

Date.　　/　　/

24 배가 이미 육지에서 수리나 떠나서 바람이 거슬리므로 물결을 인하여 고
난을 당하더라

25 밤 사경에 예수께서 바다 위로 걸어서 제자들에게 오시니

26 제자들이 그 바다 위로 걸어 오심을 보고 놀라 유령이라 하며 무서워하여
소리 지르거늘

27 예수께서 즉시 일러 가라사대 안심하라 내니 두려워 말라

28 베드로가 대답하여 가로되 주여 만일 주시어든 나를 명하사 물 위로 오라
하소서 한대

29 오라 하시니 베드로가 배에서 내려 물 위로 걸어서 예수께로 가되

30 바람을 보고 무서워 빠져 가는지라 소리 질러 가로되 주여 나를 구원하소
서 하니

31 예수께서 즉시 손을 내밀어 저를 붙잡으시며 가라사대 믿음이 적은 자여
왜 의심하였느냐 하시고

32 배에 함께 오르매 바람이 그치는지라

33 배에 있는 사람들이 예수께 절하며 가로되 진실로 하나님의 아들이로소이
다 하더라

게네사렛에서 병자들을 고치시다

34 ● 저희가 건너가 게네사렛 땅에 이르니

35 그곳 사람들이 예수신 줄을 알고 그 근방에 두루 통지하여 모든 병든 자를
예수께 데리고 와서

36 다만 예수의 옷 가에라도 손을 대게 하시기를 간구하니 손을 대는 자는 다
나음을 얻으니라

Date. / /

마태복음

15장

장로들의 유전

1 그 때에 바리새인과 서기관들이 예루살렘으로부터 예수께 나아와 가로되
2 당신의 제자들이 어찌하여 장로들의 유전을 범하나이까 떡 먹을 때에 손
을 씻지 아니하나이다
3 대답하여 가라사대 너희는 어찌하여 너희 유전으로 하나님의 계명을 범하
느뇨
4 하나님이 이르셨으되 네 부모를 공경하라 하시고 또 아비나 어미를 훼방
하는 자는 반드시 죽으리라 하셨거늘
5 너희는 가로되 누구든지 아비에게나 어미에게 말하기를 내가 드려 유익하
게 할 것이 하나님께 드림이 되었다고 하기만 하면
6 그 부모를 공경할 것이 없다 하여 너희 유전으로 하나님의 말씀을 폐하는
도다
7 외식하는 자들아 이사야가 너희에게 대하여 잘 예언하였도다 일렀으되
8 이 백성이 입술로는 나를 존경하되 마음은 내게서 멀도다
9 사람의 계명으로 교훈을 삼아 가르치니 나를 헛되이 경배하는도다 하였느
니라 하시고
10 무리를 불러 이르시되 듣고 깨달으라
11 입에 들어가는 것이 사람을 더럽게 하는 것이 아니라 입에서 나오는 그것
이 사람을 더럽게 하는 것이니라
12 이에 제자들이 나아와 가로되 바리새인들이 이 말씀을 듣고 걸림이 된 줄
아시나이까
13 예수께서 대답하여 가라사대 심은 것마다 내 천부께서 심으시지 않은 것
은 뽑힐 것이니

Date.　　　/　　　/

14 그냥 두어라 저희는 소경이 되어 소경을 인도하는 자로다 만일 소경이 소
경을 인도하면 둘이 다 구덩이에 빠지리라 하신대
15 베드로가 대답하여 가로되 이 비유를 우리에게 설명하여 주옵소서
16 예수께서 가라사대 너희도 아직까지 깨달음이 없느냐
17 입으로 들어가는 모든 것은 배로 들어가서 뒤로 내어 버려지는 줄을 알지
못하느냐
18 입에서 나오는 것들은 마음에서 나오나니 이것이야말로 사람을 더럽게 하
느니라
19 마음에서 나오는 것은 악한 생각과 살인과 간음과 음란과 도적질과 거짓
증거와 훼방이니
20 이런 것들이 사람을 더럽게 하는 것이요 씻지 않은 손으로 먹는 것은 사람
을 더럽게 하지 못하느니라

가나안 여자의 믿음

21 ● 예수께서 거기서 나가사 두로와 시돈 지방으로 들어가시니
22 가나안 여자 하나가 그 지경에서 나와서 소리 질러 가로되 주 다윗의 자손
이여 나를 불쌍히 여기소서 내 딸이 흉악히 귀신 들렸나이다 하되
23 예수는 한 말씀도 대답지 아니하시니 제자들이 와서 청하여 말하되 그 여
자가 우리 뒤에서 소리를 지르오니 보내소서
24 예수께서 대답하여 가라사대 나는 이스라엘 집의 잃어 버린 양 외에는 다
른 데로 보내심을 받지 아니하였노라 하신대
25 여자가 와서 예수께 절하며 가로되 주여 저를 도우소서
26 대답하여 가라사대 자녀의 떡을 취하여 개들에게 던짐이 마땅치 아니하
니라

Date.　　/　　/

27 여자가 가로되 주여 옳소이다마는 개들도 제 주인의 상에서 떨어지는 부
스러기를 먹나이다 하니
28 이에 예수께서 대답하여 가라사대 여자야 네 믿음이 크도다 네 소원대로
되리라 하시니 그 시로부터 그의 딸이 나으니라

많은 병자를 고치시다

29 ● 예수께서 거기서 떠나사 갈릴리 호숫가에 이르러 산에 올라가 거기 앉
으시니
30 큰 무리가 절뚝발이와 불구자와 소경과 벙어리와 기타 여럿을 데리고 와
서 예수의 발 앞에 두매 고쳐 주시니
31 벙어리가 말하고 불구자가 건전하고 절뚝발이가 걸으며 소경이 보는 것을
무리가 보고 기이히 여겨 이스라엘의 하나님께 영광을 돌리니라

사천 명을 먹이시다

32 ● 예수께서 제자들을 불러 가라사대 내가 무리를 불쌍히 여기노라 저희가
나와 함께 있은 지 아미 사흘이매 먹을 것이 없도다 길에서 기진할까 하여
굶겨 보내지 못하겠노라
33 제자들이 가로되 광야에 있어 우리가 어디서 이런 무리의 배부를 만큼 떡
을 얻으리이까
34 예수께서 가라사대 너희에게 떡이 몇 개나 있느냐 가로되 일곱 개와 작은
생선 두어 마리가 있나이다 하거늘
35 예수께서 무리를 명하사 땅에 앉게 하시고
36 떡 일곱 개와 그 생선을 가지사 축사하시고 떼어 제자들에게 주시니 제자
들이 무리에게 주매

Date. / /

37 다 배불리 먹고 남은 조각을 일곱 광주리에 차게 거두었으며

38 먹은 자는 여자와 아이 외에 사천 명이었더라

39 예수께서 무리를 흩어 보내시고 배에 오르사 마가단 지경에 가시니라

Date.　　/　　/

마태복음

16장

악한 세대가 표적을 구하나

1 바리새인과 사두개인들이 와서 예수를 시험하여 하늘로서 오는 표적 보이
기를 청하니

2 예수께서 대답하여 가라사대 너희가 저녁에 하늘이 붉으면 날이 좋겠다
하고

3 아침에 하늘이 붉고 흐리면 오늘은 날이 궂겠다 하나니 너희가 천기는 분
별할 줄 알면서 시대의 표적은 분별할 수 없느냐

4 악하고 음란한 세대가 표적을 구하나 요나의 표적밖에는 보여 줄 표적이
없느니라 하시고 저희를 떠나가시다

바리새인과 사두개인들의 누룩

5 ●제자들이 건너편으로 갈쌔 떡 가져가기를 잊었더니

6 예수께서 이르시되 삼가 바리새인과 사두개인들의 누룩을 주의하라 하신대

7 제자들이 서로 의논하여 가로되 우리가 떡을 가져오지 아니하였도다 하
거늘

8 예수께서 아시고 가라사대 믿음이 적은 자들아 어찌 떡이 없음으로 서로
의논하느냐

9 너희가 아직도 깨닫지 못하느냐 떡 다섯 개로 오천 명을 먹이고 주운 것이
몇 바구니며

10 떡 일곱 개로 사천 명을 먹이고 주운 것이 몇 광주리이던 것을 기억지 못
하느냐

11 어찌 내 말한 것이 떡에 관함이 아닌 줄을 깨닫지 못하느냐 오직 바리새인
과 사두개인들의 누룩을 주의하라 하시니

Date.　　/　　/

12 그제야 제자들이 떡의 누룩이 아니요 바리새인과 사두개인들의 교훈을 삼
가라고 말씀하신 줄을 깨달으니라

베드로가 예수를 그리스도로 고백하다

13 ● 예수께서 가이사랴 빌립보 지방에 이르러 제자들에게 물어 가라사대 사
람들이 인자를 누구라 하느냐
14 가로되 더러는 세례 요한, 더러는 엘리야, 어떤이는 예레미야나 선지자 중
의 하나라 하나이다
15 가라사대 너희는 나를 누구라 하느냐
16 시몬 베드로가 대답하여 가로되 주는 그리스도시요 살아 계신 하나님의
아들이시니이다
17 예수께서 대답하여 가라사대 바요나 시몬아 네가 복이 있도다 이를 네게
알게 한 이는 혈육이 아니요 하늘에 계신 내 아버지시니라
18 또 내가 네게 이르노니 너는 베드로라 내가 이 반석 위에 내 교회를 세우
리니 음부의 권세가 이기지 못하리라
19 내가 천국 열쇠를 네게 주리니 네가 땅에서 무엇이든지 매면 하늘에서도
매일 것이요 네가 땅에서 무엇이든지 풀면 하늘에서도 풀리리라 하시고
20 이에 제자들을 경계하사 자기가 그리스도인 것을 아무에게도 이르지 말라
하시니라

죽음과 부활을 처음으로 이르시다

21 ● 이때로부터 예수 그리스도께서 자기가 예루살렘에 올라가 장로들과 대
제사장들과 서기관들에게 많은 고난을 받고 죽임을 당하고 제삼일에 살아
나야 할 것을 제자들에게 비로소 가르치시니

Date.　　/　　/

22 베드로가 예수를 붙들고 간하여 가로되 주여 그리 마옵소서 이 일이 결코
주에게 미치지 아니하리이다

23 예수께서 돌이키시며 베드로에게 이르시되 사단아 내 뒤로 물러가라 너는
나를 넘어지게 하는 자로다 네가 하나님의 일을 생각지 아니하고 도리어
사람의 일을 생각하는도다 하시고

24 이에 예수께서 제자들에게 이르시되 아무든지 나를 따라 오려거든 자기를
부인하고 자기 십자가를 지고 나를 좇을 것이니라

25 누구든지 제 목숨을 구원코자 하면 잃을 것이요 누구든지 나를 위하여 제
목숨을 잃으면 찾으리라

26 사람이 만일 온 천하를 얻고도 제 목숨을 잃으면 무엇이 유익하리요 사람
이 무엇을 주고 제 목숨을 바꾸겠느냐

27 인자가 아버지의 영광으로 그 천사들과 함께 오리니 그 때에 각 사람의 행
한 대로 갚으리라

28 진실로 너희에게 이르노니 여기 섰는 사람 중에 죽기 전에 인자가 그 왕권
을 가지고 오는 것을 볼 자들도 있느니라

Date.　　/　　/

누구든지 제 목숨을
구원코자 하면 잃을 것이요
누구든지 나를 위하여
제 목숨을 잃으면 찾으리라

- 마태복음 16장 25절

마태복음

17장

영광스러운 모습으로 변형되시다

1 엿새 후에 예수께서 베드로와 야고보와 그 형제 요한을 데리시고 따로 높
은 산에 올라가셨더니

2 저희 앞에서 변형되사 그 얼굴이 해같이 빛나며 옷이 빛과 같이 희어졌더라

3 때에 모세와 엘리야가 예수로 더불어 말씀하는 것이 저희에게 보이거늘

4 베드로가 예수께 여짜와 가로되 주여 우리가 여기 있는 것이 좋사오니 주
께서 만일 원하시면 내가 여기서 초막 셋을 짓되 하나는 주를 위하여, 하
나는 모세를 위하여, 하나는 엘리야를 위하여 하리이다

5 말할 때에 홀연히 빛난 구름이 저희를 덮으며 구름 속에서 소리가 나서 가
로되 이는 내 사랑하는 아들이요 내 기뻐하는 자니 너희는 저의 말을 들으
라 하는지라

6 제자들이 듣고 엎드리어 심히 두려워하니

7 예수께서 나아와 저희에게 손을 대시며 가라사대 일어나라 두려워 말라
하신대

8 제자들이 눈을 들고 보매 오직 예수 외에는 아무도 보이지 아니하더라

9 ● 저희가 산에서 내려올 때에 예수께서 명하여 가라사대 인자가 죽은 자
가운데서 살아나기 전에는 본 것을 아무에게도 이르지 말라 하시니

10 제자들이 묻자와 가로되 그러면 어찌하여 서기관들이 엘리야가 먼저 와야
하리라 하나이까

11 예수께서 대답하여 가라사대 엘리야가 과연 먼저 와서 모든 일을 회복하
리라

12 내가 너희에게 말하노니 엘리야가 이미 왔으되 사람들이 알지 못하고 임
의로 대우하였도다 인자도 이와 같이 그들에게 고난을 받으리라 하시니

13 그제야 제자들이 예수의 말씀하신 것이 세례 요한인 줄을 깨달으니라

Date.　　/　　/

귀신 들린 아이를 고치시다

14 ●저희가 무리에게 이르매 한 사람이 예수께 와서 꿇어 엎드리어 가로되
15 주여 내 아들을 불쌍히 여기소서 저가 간질로 심히 고생하여 자주 불에도
넘어지며 물에도 넘어지는지라
16 내가 주의 제자들에게 데리고 왔으니 능히 고치지 못하더이다
17 예수께서 대답하여 가라사대 믿음이 없고 패역한 세대여 내가 얼마나 너
희와 함께 있으며 얼마나 너희를 참으리요 그를 이리로 데려오라 하시다
18 이에 예수께서 꾸짖으시니 귀신이 나가고 아이가 그때부터 나으니라
19 이때에 제자들이 종용히 예수께 나아와 가로되 우리는 어찌하여 쫓아내지
못하였나이까
20 가라사대 너희 믿음이 적은 연고니라 진실로 너희에게 이르노니 너희가
만일 믿음이 한 겨자씨만큼만 있으면 이 산을 명하여 여기서 저기로 옮기
라 하여도 옮길 것이요 또 너희가 못할 것이 없으리라
21 (없음)

죽음과 부활을 다시 이르시다

22 ●갈릴리에 모일 때에 예수께서 제자들에게 이르시되 인자가 장차 사람들
의 손에 넘기워
23 죽임을 당하고 제삼일에 살아나리라 하시니 제자들이 심히 근심하더라

성전세를 내시다

24 ●가버나움에 이르니 반 세겔 받는 자들이 베드로에게 나아와 가로되 너
의 선생이 반 세겔을 내지 아니하느냐

Date.　　/　　/

25 가로되 내신다 하고 집에 들어가니 예수께서 먼저 가라사대 시몬아 네 생
각은 어떠하뇨 세상 임금들이 뉘게 관세와 정세를 받느냐 자기 아들에게
냐 타인에게냐

26 베드로가 가로되 타인에게니이다 예수께서 가라사대 그러하면 아들들은
세를 면하리라

27 그러나 우리가 저희로 오해케 하지 않기 위하여 네가 바다에 가서 낚시를
던져 먼저 오르는 고기를 가져 입을 열면 돈 한 세겔을 얻을 것이니 가져
다가 나와 너를 위하여 주라 하시니라

Date.   /   /

마태복음

18장

천국에서 큰 사람

1 그 때에 제자들이 예수께 나아와 가로되 천국에서는 누가 크니이까

2 예수께서 한 어린아이를 불러 저희 가운데 세우시고

3 가라사대 진실로 너희에게 이르노니 너희가 돌이켜 어린아이들과 같이 되
지 아니하면 결단코 천국에 들어가지 못하리라

4 그러므로 누구든지 이 어린아이와 같이 자기를 낮추는 그이가 천국에서
큰 자니라

5 또 누구든지 내 이름으로 이런 어린아이 하나를 영접하면 곧 나를 영접함
이니

6 누구든지 나를 믿는 이 소자 중 하나를 실족케 하면 차라리 연자 맷돌을
그 목에 달리우고 깊은 바다에 빠뜨리우는 것이 나으니라

7 실족케 하는 일들이 있음을 인하여 세상에 화가 있도다 실족케 하는 일이
없을 수는 없으나 실족케 하는 그 사람에게는 화가 있도다

8 만일 네 손이나 네 발이 너를 범죄케 하거든 찍어 내버리라 불구자나 절뚝
발이로 영생에 들어가는 것이 두 손과 두 발을 가지고 영원한 불에 던지우
는 것보다 나으니라

9 만일 네 눈이 너를 범죄케 하거든 빼어 내버리라 한 눈으로 영생에 들어가
는 것이 두 눈을 가지고 지옥 불에 던지우는 것보다 나으니라

10 삼가 이 소자 중에 하나도 업신여기지 말라 너희에게 말하노니 저희 천사
들이 하늘에서 하늘에 계신 내 아버지의 얼굴을 항상 뵈옵느니라

11 (없음)

12 너희 생각에는 어떻겠느뇨 만일 어떤 사람이 양 일백 마리가 있는데 그중
에 하나가 길을 잃었으면 그 아흔아홉 마리를 산에 두고 가서 길 잃은 양
을 찾지 않겠느냐

Date.　　/　　/

마태복음 18장

13 진실로 너희에게 이르노니 만일 찾으면 길을 잃지 아니한 아흔아홉 마리
보다 이것을 더 기뻐하리라

14 이와 같이 이 소자 중에 하나라도 잃어지는 것은 하늘에 계신 너희 아버지
의 뜻이 아니니라

용서하라

15 ●네 형제가 죄를 범하거든 가서 너와 그 사람과만 상대하여 권고하라 만
일 들으면 네가 네 형제를 얻은 것이요

16 만일 듣지 않거든 한두 사람을 데리고 가서 두세 증인의 입으로 말마다 증
참케 하라

17 만일 그들의 말도 듣지 않거든 교회에 말하고 교회의 말도 듣지 않거든 이
방인과 세리와 같이 여기라

18 진실로 너희에게 이르노니 무엇이든지 너희가 땅에서 매면 하늘에서도 매
일 것이요 무엇이든지 땅에서 풀면 하늘에서도 풀리리라

19 진실로 다시 너희에게 이르노니 너희 중에 두 사람이 땅에서 합심하여 무
엇이든지 구하면 하늘에 계신 내 아버지께서 저희를 위하여 이루게 하시
리라

20 두세 사람이 내 이름으로 모인 곳에는 나도 그들 중에 있느니라

용서할 줄 모르는 종의 비유

21 ●그 때에 베드로가 나아와 가로되 주여 형제가 내게 죄를 범하면 몇 번이
나 용서하여 주리이까 일곱 번까지 하오리이까

22 예수께서 가라사대 네게 이르노니 일곱 번뿐 아니라 일흔 번씩 일곱 번이
라도 할찌니라

Date. / /

23 이러므로 천국은 그 종들과 회계하려 하던 어떤 임금과 같으니

24 회계할 때에 일만 달란트 빚진 자 하나를 데려오매

25 갚을 것이 없는지라 주인이 명하여 그 몸과 처와 자식들과 모든 소유를 다
팔아 갚게 하라 한대

26 그 종이 엎드리어 절하며 가로되 내게 참으소서 다 갚으리이다 하거늘

27 그 종의 주인이 불쌍히 여겨 놓아 보내며 그 빚을 탕감하여 주었더니

28 그 종이 나가서 제게 백 데나리온 빚진 동관 하나를 만나 붙들어 목을 잡
고 가로되 빚을 갚으라 하매

29 그 동관이 엎드리어 간구하여 가로되 나를 참아 주소서 갚으리이다 하되

30 허락하지 아니하고 이에 가서 저가 빚을 갚도록 옥에 가두거늘

31 그 동관들이 그것을 보고 심히 민망하여 주인에게 가서 그 일을 다 고하니

32 이에 주인이 저를 불러다가 말하되 악한 종아 네가 빌기에 내가 네 빚을
전부 탕감하여 주었거늘

33 내가 너를 불쌍히 여김과 같이 너도 네 동관을 불쌍히 여김이 마땅치 아니
하냐 하고

34 주인이 노하여 그 빚을 다 갚도록 저를 옥졸들에게 붙이니라

35 너희가 각각 중심으로 형제를 용서하지 아니하면 내 천부께서도 너희에게
이와 같이 하시리라

Date.　　/　　/

마태복음

19장

이혼에 대하여 가르치시다

1 예수께서 이 말씀을 마치시고 갈릴리에서 떠나 요단강 건너 유대 지경에 이르시니

2 큰 무리가 좇거늘 예수께서 거기서 저희 병을 고치시더라

3 ●바리새인들이 예수께 나아와 그를 시험하여 가로되 사람이 아무 연고를 물론하고 그 아내를 내어버리는 것이 옳으니이까

4 예수께서 대답하여 가라사대 사람을 지으신 이가 본래 저희를 남자와 여자로 만드시고

5 말씀하시기를 이러므로 사람이 그 부모를 떠나서 아내에게 합하여 그 둘이 한 몸이 될찌니라 하신 것을 읽지 못하였느냐

6 이러한즉 이제 둘이 아니요 한 몸이니 그러므로 하나님이 짝지어 주신 것을 사람이 나누지 못할찌니라 하시니

7 여짜오되 그러하면 어찌하여 모세는 이혼 증서를 주어서 내어버리라 명하였나이까

8 예수께서 가라사대 모세가 너희 마음의 완악함을 인하여 아내 내어버림을 허락하였거니와 본래는 그렇지 아니하니라

9 내가 너희에게 말하노니 누구든지 음행한 연고 외에 아내를 내어버리고 다른 데 장가 드는 자는 간음함이니라

10 제자들이 가로되 만일 사람이 아내에게 이같이 할찐대 장가 들지 않는 것이 좋삽나이다

11 예수께서 가라사대 사람마다 이 말을 받지 못하고 오직 타고난 자리야 할찌니라

12 어미의 태로부터 된 고자도 있고 사람이 만든 고자도 있고 천국을 위하여 스스로 된 고자도 있도다 이 말을 받을 만한 자는 받을찌어다

Date.　　/　　/

어린이 위에 안수하시다

13 ● 때에 사람들이 예수의 안수하고 기도하심을 바라고 어린아이들을 데리고 오매 제자들이 꾸짖거늘

14 예수께서 가라사대 어린아이들을 용납하고 내게 오는 것을 금하지 말라 천국이 이런 자의 것이니라 하시고

15 저희 위에 안수하시고 거기서 떠나시니라

재물이 많은 청년

16 ● 어떤 사람이 주께 와서 가로되 선생님이여 내가 무슨 선한 일을 하여야 영생을 얻으리이까

17 예수께서 가라사대 어찌하여 선한 일을 내게 묻느냐 선한 이는 오직 한분이시니라 네가 생명에 들어가려면 계명들을 지키라

18 가로되 어느 계명이오니이까 예수께서 가라사대 살인하지 말라, 간음하지 말라, 도적질하지 말라, 거짓 증거하지 말라,

19 네 부모를 공경하라, 네 이웃을 네 몸과 같이 사랑하라 하신 것이니라

20 그 청년이 가로되 이 모든 것을 내가 지키었사오니 아직도 무엇이 부족하니이까

21 예수께서 가라사대 네가 온전하고자 할찐대 가서 네 소유를 팔아 가난한 자들을 주라 그리하면 하늘에서 보화가 네게 있으리라 그리고 와서 나를 좇으라 하시니

22 그 청년이 재물이 많으므로 이 말씀을 듣고 근심하며 가니라

23 ● 예수께서 제자들에게 이르시되 내가 진실로 너희에게 이르노니 부자는 천국에 들어가기가 어려우니라

Date. / /

24 다시 너희에게 말하노니 약대가 바늘귀로 들어가는 것이 부자가 하나님의
나라에 들어가는 것보다 쉬우니라 하신대

25 제자들이 듣고 심히 놀라 가로되 그런즉 누가 구원을 얻을 수 있으리이까

26 예수께서 저희를 보시며 가라사대 사람으로는 할 수 없으되 하나님으로서
는 다 할 수 있느니라

27 이에 베드로가 대답하여 가로되 보소서 우리가 모든 것을 버리고 주를 좇
았사오니 그런즉 우리가 무엇을 얻으리이까

28 예수께서 가라사대 내가 진실로 너희에게 이르노니 세상이 새롭게 되어
인자가 자기 영광의 보좌에 앉을 때에 나를 좇는 너희도 열두 보좌에 앉아
이스라엘 열두 지파를 심판하리라

29 또 내 이름을 위하여 집이나 형제나 자매나 부모나 자식이나 전토를 버린
자마다 여러 배를 받고 또 영생을 상속하리라

30 그러나 먼저 된 자로서 나중 되고 나중 된 자로서 먼저 될 자가 많으니라

Date.　　/　　/

가라사대 진실로 너희에게 이르노니
너희가 돌이켜 어린아이들과 같이 되지 아니하면
결단코 천국에 들어가지 못하리라

- 마태복음 18장 3절

마태복음

20장

포도원의 품꾼들

1 천국은 마치 품군을 얻어 포도원에 들여보내려고 이른 아침에 나간 집주
인과 같으니

2 저가 하루 한 데나리온씩 품군들과 약속하여 포도원에 들여보내고

3 또 제 삼시에 나가 보니 장터에 놀고 섰는 사람들이 또 있는지라

4 저희에게 이르되 너희도 포도원에 들어가라 내가 너희에게 상당하게 주리
라 하니 저희가 가고

5 제 육시와 제 구시에 또 나가 그와 같이 하고

6 제 십일시에도 나가 보니 섰는 사람들이 또 있는지라

7 가로되 너희는 어찌하여 종일토록 놀고 여기 섰느뇨 가로되 우리를 품군
으로 쓰는 이가 없음이니이다 가로되 너희도 포도원에 들어가라 하니라

8 저물매 포도원 주인이 청지기에게 이르되 품군들을 불러 나중 온 자로부
터 시작하여 먼저 온 자까지 삯을 주라 하니

9 제 십일시에 온 자들이 와서 한 데나리온씩을 받거늘

10 먼저 온 자들이 와서 더 받을 줄 알았더니 저희도 한 데나리온씩 받은지라

11 받은 후 집주인을 원망하여 가로되

12 나중 온 이 사람들은 한 시간만 일하였거늘 저희를 종일 수고와 더위를 견
딘 우리와 같게 하였나이다

13 주인이 그중의 한 사람에게 대답하여 가로되 친구여 내가 네게 잘못한 것
이 없노라 네가 나와 한 데나리온의 약속을 하지 아니하였느냐

14 네 것이나 가지고 가라 나중 온 이 사람에게 너와 같이 주는 것이 내 뜻이
니라

Date. / /

15 내 것을 가지고 내 뜻대로 할 것이 아니냐 내가 선하므로 네가 악하게 보
느냐

16 이와 같이 나중 된 자로서 먼저 되고 먼저 된 자로서 나중 되리라

죽음과 부활을 세 번째로 이르시다

17 ●예수께서 예루살렘을 올라가려 하실 때에 열두 제자를 따로 데리시고
길에서 이르시되

18 보라 우리가 예루살렘으로 올라가노니 인자가 대제사장들과 서기관들에
게 넘기우매 저희가 죽이기로 결안하고

19 이방인들에게 넘겨주어 그를 능욕하며 채찍질하며 십자가에 못 박게 하리
니 제삼일에 살아나리라

야고보와 요한의 어머니의 요구

20 ●그 때에 세베대의 아들의 어미가 그 아들들을 데리고 예수께 와서 절하
며 무엇을 구하니

21 예수께서 가라사대 무엇을 원하느뇨 가로되 이 나의 두 아들을 주의 나라
에서 하나는 주의 우편에, 하나는 주의 좌편에 앉게 명하소서

22 예수께서 대답하여 가라사대 너희 구하는 것을 너희가 알지 못하는도다
나의 마시려는 잔을 너희가 마실 수 있느냐 저희가 말하되 할 수 있나이다

23 가라사대 너희가 과연 내 잔을 마시려니와 내 좌우편에 앉는 것은 나의 줄
것이 아니라 내 아버지께서 누구를 위하여 예비하셨든지 그들이 얻을 것
이니라

24 열 제자가 듣고 그 두 형제에 대하여 분히 여기거늘

Date. / /

25 예수께서 제자들을 불러다가 가라사대 이방인의 집권자들이 저희를 임의
로 주관하고 그 대인들이 저희에게 권세를 부리는 줄을 너희가 알거니와

26 너희 중에는 그렇지 아니하니 너희 중에 누구든지 크고자 하는 자는 너희
를 섬기는 자가 되고

27 너희 중에 누구든지 으뜸이 되고자 하는 자는 너희 종이 되어야 하리라

28 인자가 온 것은 섬김을 받으려 함이 아니라 도리어 섬기려 하고 자기 목숨
을 많은 사람의 대속물로 주려 함이니라

맹인 둘을 고치시다

29 ● 저희가 여리고에서 떠나 갈 때에 큰 무리가 예수를 좇더라

30 소경 둘이 길가에 앉았다가 예수께서 지나가신다 함을 듣고 소리 질러 가
로되 주여 우리를 불쌍히 여기소서 다윗의 자손이여 하니

31 무리가 꾸짖어 잠잠하라 하되 더욱 소리 질러 가로되 주여 우리를 불쌍히
여기소서 다윗의 자손이여 하는지라

32 예수께서 머물러 서서 저희를 불러

33 가라사대 너희에게 무엇을 하여 주기를 원하느냐 가로되 주여 우리 눈뜨
기를 원하나이다

34 예수께서 민망히 여기사 저희 눈을 만지시니 곧 보게 되어 저희가 예수를
좇으니라

Date.　　/　　/

마태복음

21장

예루살렘에 들어가시다

1 저희가 예루살렘에 가까이 와서 감람산 벳바게에 이르렀을 때에 예수께서 두 제자를 보내시며

2 이르시되 너희 맞은편 마을로 가라 곧 매인 나귀와 나귀 새끼가 함께 있는 것을 보리니 풀어 내게로 끌고 오너라

3 만일 누가 무슨 말을 하거든 주가 쓰시겠다 하라 그리하면 즉시 보내리라 하시니

4 이는 선지자로 하신 말씀을 이루려 하심이라 일렀으되

5 시온 딸에게 이르기를 네 왕이 네게 임하나니 그는 겸손하여 나귀, 곧 멍에 메는 짐승의 새끼를 탔도다 하라 하였느니라

6 제자들이 가서 예수의 명하신 대로 하여

7 나귀와 나귀 새끼를 끌고 와서 자기들의 겉옷을 그 위에 얹으매 예수께서 그 위에 타시니

8 무리의 대부분은 그 겉옷을 길에 펴며 다른 이는 나뭇가지를 베어 길에 펴고

9 앞에서 가고 뒤에서 따르는 무리가 소리 질러 가로되 호산나 다윗의 자손이여 찬송하리로다 주의 이름으로 오시는 이여 가장 높은 곳에서 호산나 하더라

10 예수께서 예루살렘에 들어가시니 온 성이 소동하여 가로되 이는 누구뇨 하거늘

11 무리가 가로되 갈릴리 나사렛에서 나온 선지자 예수라 하니라

Date. / /

성전을 정결하게 하시다

12 ● 예수께서 성전에 들어가사 성전 안에서 매매하는 모든 자를 내어쫓으시
며 돈 바꾸는 자들의 상과 비둘기 파는 자들의 의자를 둘러 엎으시고

13 저희에게 이르시되 기록된 바 내 집은 기도하는 집이라 일컬음을 받으리
라 하였거늘 너희는 강도의 굴혈을 만드는도다 하시니라

14 소경과 저는 자들이 성전에서 예수께 나아오매 고쳐 주시니

15 대제사장들과 서기관들이 예수의 하시는 이상한 일과 또 성전에서 소리
질러 호산나 다윗의 자손이여 하는 아이들을 보고 분하여

16 예수께 말하되 저희의 하는 말을 듣느뇨 예수께서 가라사대 그렇다 어린
아기와 젖먹이들의 입에서 나오는 찬미를 온전케 하셨나이다 함을 너희가
읽어 본 일이 없으냐 하시고

17 그들을 떠나 성 밖으로 베다니에 가서 거기서 유하시니라

무화과나무가 마르다

18 ● 이른 아침에 성으로 들어오실 때에 시장하신지라

19 길가에서 한 무화과나무를 보시고 그리로 가사 잎사귀밖에 아무것도 얻지
못하시고 나무에게 이르시되 이제부터 영원토록 네게 열매가 맺지 못하리
라 하시니 무화과나무가 곧 마른지라

20 제자들이 보고 이상히 여겨 가로되 무화과나무가 어찌하여 곧 말랐나이까

21 예수께서 대답하여 가라사대 내가 진실로 너희에게 이르노니 만일 너희가
믿음이 있고 의심치 아니하면 이 무화과나무에게 된 이런 일만 할 뿐 아니
라 이 산더러 들려 바다에 던지우라 하여도 될 것이요

22 너희가 기도할 때에 무엇이든지 믿고 구하는 것은 다 받으리라 하시니라

Date.　　/　　/

예수의 권세를 두고 말하다

23 ●예수께서 성전에 들어가 가르치실째 대제사장들과 백성의 장로들이 나
아와 가로되 네가 무슨 권세로 이런 일을 하느뇨 또 누가 이 권세를 주었
느뇨

24 예수께서 대답하시되 나도 한 말을 너희에게 물으리니 너희가 대답하면
나도 무슨 권세로 이런 일을 하는지 이르리라

25 요한의 세례가 어디로서 왔느냐 하늘로서냐 사람에게로서냐 저희가 서로
의논하여 가로되 만일 하늘로서라 하면 어찌하여 저를 믿지 아니하였느냐
할 것이요

26 만일 사람에게로서라 하면 모든 사람이 요한을 선지자로 여기니 백성이
무섭다 하여

27 예수께 대답하여 가로되 우리가 알지 못하노라 하니 예수께서 가라사대
나도 무슨 권세로 이런 이를 하는지 너희에게 이르지 아니하리라

28 그러나 너희 생각에는 어떠하뇨 한 사람이 두 아들이 있는데 맏아들에게
가서 이르되 얘 오늘 포도원에 가서 일하라 하니

29 대답하여 가로되 아버지여 가겠소이다 하더니 가지 아니하고

30 둘째 아들에게 가서 또 이같이 말하니 대답하여 가로되 싫소이다 하더니
그 후에 뉘우치고 갔으니

31 그 둘 중에 누가 아비의 뜻대로 하였느뇨 가로되 둘째 아들이니이다 예수
께서 저희에게 이르시되 내가 진실로 너희에게 이르노니 세리들과 창기들
이 너희보다 먼저 하나님의 나라에 들어가리라

32 요한이 의의 도로 너희에게 왔거늘 너희는 저를 믿지 아니하였으되 세리와
창기는 믿었으며 너희는 이것을 보고도 종시 뉘우쳐 믿지 아니하였도다

Date.　　　/　　　/

포도원 농부의 비유

33 ●다시 한 비유를 들으라 한 집주인이 포도원을 만들고 산울로 두르고 거
기 즙 짜는 구유를 파고 망대를 짓고 농부들에게 세로 주고 타국에 갔더니

34 실과 때가 가까우매 그 실과를 받으려고 자기 종들을 농부들에게 보내니

35 농부들이 종들을 잡아 하나는 심히 때리고 하나는 죽이고 하나는 돌로 쳤거늘

36 다시 다른 종들을 처음보다 많이 보내니 저희에게도 그렇게 하였는지라

37 후에 자기 아들을 보내며 가로되 저희가 내 아들은 공경하리라 하였더니

38 농부들이 그 아들을 보고 서로 말하되 이는 상속자니 자 죽이고 그의 유업
을 차지하자 하고

39 이에 잡아 포도원 밖에 내어좇아 죽였느니라

40 그러면 포도원 주인이 올 때에 이 농부들을 어떻게 하겠느뇨

41 저희가 말하되 이 악한 자들을 진멸하고 포도원은 제때에 실과를 바칠 만
한 다른 농부들에게 세로 줄찌니이다

42 예수께서 가라사대 너희가 성경에 건축자들의 버린 돌이 모퉁이의 머릿돌
이 되었나니 이것은 주로 말미암아 된 것이요 우리 눈에 기이하도다 함을
읽어 본 일이 없느냐

43 그러므로 내가 너희에게 이르노니 하나님의 나라를 너희는 빼앗기고 그
나라의 열매 맺는 백성이 받으리라

44 이 돌 위에 떨어지는 자는 깨어지겠고 이 돌이 사람 위에 떨어지면 저를
가루로 만들어 흩으리라 하시니

45 대제사장들과 바리새인들이 예수의 비유를 듣고 자기들을 가리켜 말씀하
심인 줄 알고

46 잡고자 하나 무리를 무서워하니 이는 저희가 예수를 선지자로 앎이었더라

Date.　　　/　　　/

마태복음

22장

혼인 잔치의 비유

1 예수께서 다시 비유로 대답하여 가라사대

2 천국은 마치 자기 아들을 위하여 혼인 잔치를 베푼 어떤 임금과 같으니

3 그 종들을 보내어 그 청한 사람들을 혼인 잔치에 오라 하였더니 오기를 싫
어하거늘

4 다시 다른 종들을 보내며 가로되 청한 사람들에게 이르기를 내가 오찬을
준비하되 나의 소와 살진 짐승을 잡고 모든 것을 갖추었으니 혼인 잔치에
오소서 하라 하였더니

5 저희가 돌아 보지도 않고 하나는 자기 밭으로, 하나는 자기 상업차로 가고

6 그 남은 자들은 종들을 잡아 능욕하고 죽이니

7 임금이 노하여 군대를 보내어 그 살인한 자들을 진멸하고 그 동네를 불사
르고

8 이에 종들에게 이르되 혼인 잔치는 예비되었으나 청한 사람들은 합당치
아니하니

9 사거리 길에 가서 사람을 만나는 대로 혼인 잔치에 청하여 오너라 한대

10 종들이 길에 나가 악한 자나 선한 자나 만나는 대로 모두 데려오니 혼인
자리에 손이 가득한지라

11 임금이 손을 보러 들어올쌔 거기서 예복을 입지 않은 한 사람을 보고

12 가로되 친구여 어찌하여 예복을 입지 않고 여기 들어왔느냐 하니 저가 유
구무언이어늘

13 임금이 사환들에게 말하되 그 수족을 결박하여 바깥 어두움에 내어 던지
라 거기서 슬피 울며 이를 갊이 있으리라 하니라

14 청함을 받은 자는 많되 택함을 입은 자는 적으니라

Date.   /   /

가이사에게 세 바치는 일

15 ●이에 바리새인들이 가서 어떻게 하여 예수로 말의 올무에 걸리게 할까 상론하고

16 자기 제자들을 헤롯 당원들과 함께 예수께 보내어 말하되 선생님이여 우리가 아노니 당신은 참되시고 참으로써 하나님의 도를 가르치시며 아무라도 꺼리는 일이 없으시니 이는 사람을 외모로 보지 아니하심이니이다

17 그러면 당신의 생각에는 어떠한지 우리에게 이르소서 가이사에게 세를 바치는 것이 가하니이까 불가하니이까 한대

18 예수께서 저희의 악함을 아시고 가라사대 외식하는 자들아 어찌하여 나를 시험하느냐

19 셋돈을 내게 보이라 하시니 데나리온 하나를 가져왔거늘

20 예수께서 말씀하시되 이 형상과 이 글이 뉘 것이냐

21 가로되 가이사의 것이니이다 이에 가라사대 그런즉 가이사의 것은 가이사에게, 하나님의 것은 하나님께 바치라 하시니

22 저희가 이 말씀을 듣고 기이히 여겨 예수를 떠나가니라

부활 논쟁

23 ●부활이 없다 하는 사두개인들이 그 날에 예수께 와서 물어 가로되

24 선생님이여 모세가 일렀으되 사람이 만일 자식이 없이 죽으면 그 동생이 그 아내에게 장가들어 형을 위하여 후사를 세울찌니라 하였나이다

25 우리 중에 칠 형제가 있었는데 맏이 장가 들었다가 죽어 후사가 없으므로 그의 아내를 그 동생에게 끼쳐두고

26 그 둘째와 세째로 일곱째까지 그렇게 하다가

Date. / /

27 최후에 그 여자도 죽었나이다

28 그런즉 저희가 다 그를 취하였으니 부활 때에 일곱 중에 뉘 아내가 되리이까

29 예수께서 대답하여 가라사대 너희가 성경도, 하나님의 능력도 알지 못하
는 고로 오해하였도다

30 부활 때에는 장가도 아니 가고 시집도 아니 가고 하늘에 있는 천사들과 같
으니라

31 죽은 자의 부활을 의논할찐대 하나님이 너희에게 말씀하신 바

32 나는 아브라함의 하나님이요 이삭의 하나님이요 야곱의 하나님이로라 하
신 것을 읽어 보지 못하였느냐 하나님은 죽은 자의 하나님이 아니요 산 자
의 하나님이시니라 하시니

33 무리가 듣고 그의 가르치심에 놀라더라

가장 큰 계명

34 ● 예수께서 사두개인들로 대답할 수 없게 하셨다 함을 바리새인들이 듣고
모였는데

35 그중에 한 율법사가 예수를 시험하여 묻되

36 선생님이여 율법 중에 어느 계명이 크니이까

37 예수께서 가라사대 네 마음을 다하고 목숨을 다하고 뜻을 다하여 주 너의
하나님을 사랑하라 하셨으니

38 이것이 크고 첫째 되는 계명이요

39 둘째는 그와 같으니 네 이웃을 네 몸과 같이 사랑하라 하셨으니

40 이 두 계명이 온 율법과 선지자의 강령이니라

Date.　　/　　/

그리스도와 다윗의 자손

41 ●바리새인들이 모였을 때에 예수께서 그들에게 물으시되

42 너희는 그리스도에 대하여 어떻게 생각하느냐 뉘 자손이냐 대답하되 다윗
의 자손이니이다

43 가라사대 그러면 다윗이 성령에 감동하여 어찌 그리스도를 주라 칭하여
말하되

44 주께서 내 주께 이르시되 내가 네 원수를 네 발 아래 둘 때까지 내 우편에
앉았으라 하셨도다 하였느냐

45 다윗이 그리스도를 주라 칭하였은즉 어찌 그의 자손이 되겠느냐 하시니

46 한 말도 능히 대답하는 자가 없고 그 날부터 감히 그에게 묻는 자도 없더라

Date. / /

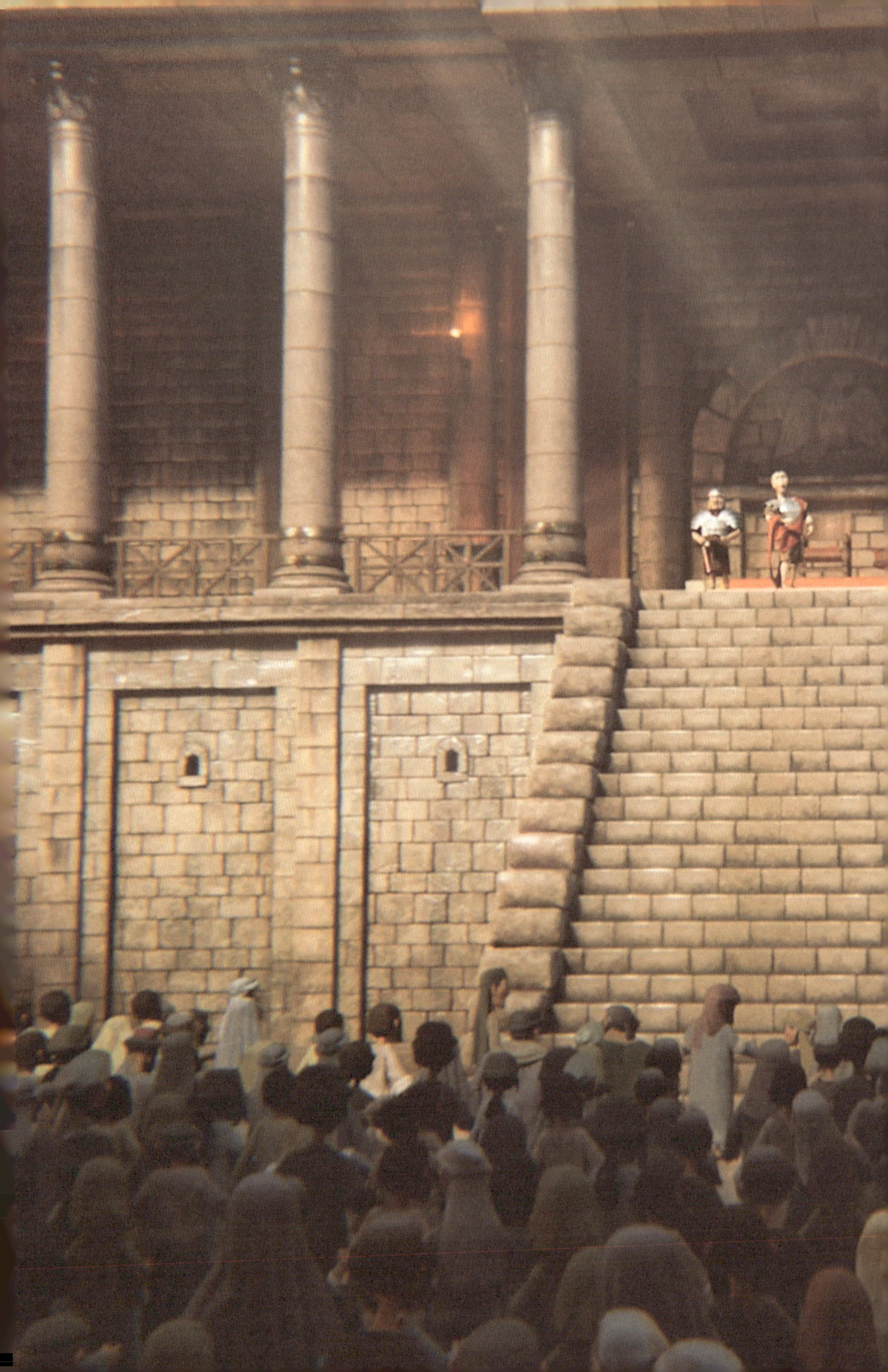

예수께서 가라사대
네 마음을 다하고 목숨을 다하고 뜻을 다하여
주 너의 하나님을 사랑하라 하셨으니

- 마태복음 22장 37절

마태복음

23장

서기관들과 바리새인을 꾸짖으시다

1 이에 예수께서 무리와 제자들에게 말씀하여 가라사대

2 서기관들과 바리새인들이 모세의 자리에 앉았으니

3 그러므로 무엇이든지 저희의 말하는 바는 행하고 지키되 저희의 하는 행위는 본받지 말라 저희는 말만 하고 행치 아니하며

4 또 무거은 짐을 묶어 사람의 어깨에 지우되 자기는 이것을 한 손가락으로도 움직이려 하지 아니하며

5 저희 모든 행위를 사람에게 보이고자 하여 하나니 곧 그 차는 경문을 넓게 하며 옷술을 크게 하고

6 잔치의 상석과 회당의 상좌와

7 시장에서 문안 받는 것과 사람에게 랍비라 칭함을 받는 것을 좋아하느니라

8 그러나 너희는 랍비라 칭함을 받지 말라 너희 선생은 하나이요 너희는 다 형제니라

9 땅에 있는 자를 아비라 하지 말라 너희 아버지는 하나이시니 곧 하늘에 계신 자시니라

10 또한 지도자라 칭함을 받지 말라 너희 지도자는 하나이니 곧 그리스도니라

11 너희 중에 큰 자는 너희를 섬기는 자가 되어야 하리라

12 누구든지 자기를 높이는 자는 낮아지고 누구든지 자기를 낮추는 자는 높아지리라

13 ●화 있을찐저 외식하는 서기관들과 바리새인들이여 너희는 천국 문을 사람들 앞에서 닫고 너희도 들어가지 않고 들어가려 하는 자도 들어가지 못하게 하는도다

14 (없음)

Date.　　/　　/

15 ●화 있을찐저 외식하는 서기관들과 바리새인들이여 너희는 교인 하나를
얻기 위하여 바다와 육지를 두루 다니다가 생기면 너희보다 배나 더 지옥
자식이 되게 하는도다

16 ●화 있을찐저 소경된 인도자여 너희가 말하되 누구든지 성전으로 맹세하
면 아무 일 없거니와 성전의 금으로 맹세하면 지킬찌라 하는도다

17 우맹이요 소경들이여 어느 것이 크뇨 그 금이냐 금을 거룩하게 하는 성전
이냐

18 너희가 또 이르되 누구든지 제단으로 맹세하면 아무 일 없거니와 그 위에
있는 예물로 맹세하면 지킬찌라 하는도다

19 소경들이여 어느 것이 크뇨 그 예물이냐 예물을 거룩하게 하는 제단이냐

20 그러므로 제단으로 맹세하는 자는 제단과 그 위에 있는 모든 것으로 맹세
함이요

21 또 성전으로 맹세하는 자는 성전과 그 안에 계신 이로 맹세함이요

22 또 하늘로 맹세하는 자는 하나님의 보좌와 그 위에 앉으신 이로 맹세함이
니라

23 ●화 있을찐저 외식하는 서기관들과 바리새인들이여 너희가 박하와 회향
과 근채의 십일조를 드리되 율법의 더 중한 바 의와 인과 신은 버렸도다
그러나 이것도 행하고 저것도 버리지 말아야 할찌니라

24 소경된 인도자여 하루살이는 걸러내고 약대는 삼키는도다

25 ●화 있을찐저 외식하는 서기관들과 바리새인들이여 잔과 대접의 겉은 깨
끗이 하되 그 안에는 탐욕과 방탕으로 가득하게 하는도다

26 소경된 바리새인아 너는 먼저 안을 깨끗이 하라 그리하면 겉도 깨끗하리라

27 ●화 있을찐저 외식하는 서기관들과 바리새인들이여 회칠한 무덤 같으니
겉으로는 아름답게 보이나 그 안에는 죽은 사람의 뼈와 모든 더러운 것이
가득하도다

Date.　　/　　/

28 이와 같이 너희도 겉으로는 사람에게 옳게 보이되 안으로는 외식과 불법
이 가득하도다
29 ●화 있을찐저 외식하는 서기관들과 바리새인들이여 너희는 선지자들의
무덤을 쌓고 의인들의 비석을 꾸미며 가로되
30 만일 우리가 조상 때에 있었더면 우리는 저희가 선지자의 피를 흘리는데
참예하지 아니하였으리라 하니
31 그러면 너희가 선지자를 죽인 자의 자손 됨을 스스로 증거함이로다
32 너희가 너희 조상의 양을 채우라
33 뱀들아 독사의 새끼들아 너희가 어떻게 지옥의 판결을 피하겠느냐
34 그러므로 내가 너희에게 선지자들과 지혜 있는 자들과 서기관들을 보내매
너희가 그중에서 더러는 죽이고 십자가에 못 박고 그중에 더러는 너희 회
당에서 채찍질하고 이 동네에서 저 동네로 구박하리라
35 그러므로 의인 아벨의 피로부터 성전과 제단 사이에서 너희가 죽인 바라
갸의 아들 사가랴의 피까지 땅 위에 흘린 의로운 피가 다 너희에게 돌아가
리라
36 내가 진실로 너희에게 이르노니 이것이 다 이 세대에게 돌아가리라

예루살렘을 두고 한탄하시다

37 ●예루살렘아 예루살렘아 선지자들을 죽이고 네게 파송된 자들을 돌로 치
는 자여 암탉이 그 새끼를 날개 아래 모음같이 내가 네 자녀를 모으려 한
일이 몇 번이냐 그러나 너희가 원치 아니하였도다
38 보라 너희 집이 황폐하여 버린 바 되리라
39 내가 너희에게 이르노니 이제부터 너희는 찬송하리로다 주의 이름으로 오
시는 이여 할 때까지 나를 보지 못하리라 하시니라

Date.　　/　　/

마태복음

24장

성전이 무너질 것을 이르시다

1 예수께서 성전에서 나와서 가실 때에 제자들이 성전 건물들을 가리켜 보
이려고 나아오니

2 대답하여 가라사대 너희가 이 모든 것을 보지 못하느냐 내가 진실로 너희
에게 이르노니 돌 하나도 돌 위에 남지 않고 다 무너뜨리우리라

재난의 징조

3 ● 예수께서 감람산 위에 앉으셨을 때에 제자들이 종용히 와서 가로되 우
리에게 이르소서 어느 때에 이런 일이 있겠사오며 또 주의 임하심과 세상
끝에는 무슨 징조가 있사오리이까

4 예수께서 대답하여 가라사대 너희가 사람의 미혹을 받지 않도록 주의하라

5 많은 사람이 내 이름으로 와서 이르되 나는 그리스도라 하여 많은 사람을
미혹케 하리라

6 난리와 난리 소문을 듣겠으나 너희는 삼가 두려워 말라 이런 일이 있어야
하되 끝은 아직 아니니라

7 민족이 민족을, 나라가 나라를 대적하여 일어나겠고 처처에 기근과 지진
이 있으리니

8 이 모든 것이 재난의 시작이니라

9 그 때에 사람들이 너희를 환난에 넘겨주겠으며 너희를 죽이리니 너희가
내 이름을 위하여 모든 민족에게 미움을 받으리라

10 그 때에 많은 사람이 시험에 빠져 서로 잡아 주고 서로 미워하겠으며

11 거짓 선지자가 많이 일어나 많은 사람을 미혹하게 하겠으며

12 불법이 성하므로 많은 사람의 사랑이 식어지리라

Date. / /

13 그러나 끝까지 견디는 자는 구원을 얻으리라

14 이 천국 복음이 모든 민족에게 증거되기 위하여 온 세상에 전파되리니 그
제야 끝이 오리라

가장 큰 환난

15 ●그러므로 너희가 선지자 다니엘의 말한바 멸망의 가증한 것이 거룩한
곳에 선 것을 보거든 (읽는 자는 깨달을찐저)

16 그 때에 유대에 있는 자들은 산으로 도망할찌어다

17 지붕 위에 있는 자는 집안에 있는 물건을 가질러 내려가지 말며

18 밭에 있는 자는 겉옷을 가질러 뒤로 돌이키지 말찌어다

19 그 날에는 아이 밴 자들과 젖먹이는 자들에게 화가 있으리로다

20 너희의 도망하는 일이 겨울에나 안식일에 되지 않도록 기도하라

21 이는 그 때에 큰 환난이 있겠음이라 창세로부터 지금까지 이런 환난이 없
었고 후에도 없으리라

22 그 날들을 감하지 아니할 것이면 모든 육체가 구원을 얻지 못할 것이나 그
러나 택하신 자들을 위하여 그 날들을 감하시리라

23 그 때에 사람이 너희에게 말하되 보라 그리스도가 여기 있다 혹 저기 있다
하여도 믿지 말라

24 거짓 그리스도들과 거짓 선지자들이 일어나 큰 표적과 기사를 보이어 할
수만 있으면 택하신 자들도 미혹하게 하리라

25 보라 내가 너희에게 미리 말하였노라

26 그러면 사람들이 너희에게 말하되 보라 그리스도가 광야에 있다 하여도
나가지 말고 보라 골방에 있다 하여도 믿지 말라

Date.　　/　　/

27 번개가 동편에서 나서 서편까지 번쩍임같이 인자의 임함도 그러하리라

28 주검이 있는 곳에는 독수리들이 모일찌니라

인자의 오심

29 ● 그 날 환난 후에 즉시 해가 어두워지며 달이 빛을 내지 아니하며 별들이
하늘에서 떨어지며 하늘의 권능들이 흔들리리라

30 그 때에 인자의 징조가 하늘에서 보이겠고 그때에 땅의 모든 족속들이 통
곡하며 그들이 인자가 구름을 타고 능력과 큰 영광으로 오는 것을 보리라

31 저가 큰 나팔소리와 함께 천사들을 보내리니 저희가 그 택하신 자들을 하
늘 이 끝에서 저 끝까지 사방에서 모으리라

무화과나무에서 배울 교훈

32 ● 무화과나무의 비유를 배우라 그 가지가 연하여지고 잎사귀를 내면 여름
이 가까운 줄을 아나니

33 이와 같이 너희도 이 모든 일을 보거든 인자가 가까이 곧 문 앞에 이른 줄
알라

34 내가 진실로 너희에게 말하노니 이 세대가 지나가기 전에 이 일이 다 이루
리라

35 천지는 없어지겠으나 내 말은 없어지지 아니하리라

36 그러나 그 날과 그 때는 아무도 모르나니 하늘의 천사들도, 아들도 모르고
오직 아버지만 아시느니라

37 노아의 때와 같이 인자의 임함도 그러하리라

Date.　　　/　　　/

38 홍수 전에 노아가 방주에 들어가던 날까지 사람들이 먹고 마시고 장가들
고 시집가고 있으면서

39 홍수가 나서 저희를 다 멸하기까지 깨닫지 못하였으니 인자의 임함도 이
와 같으리라

40 그때에 두 사람이 밭에 있으매 하나는 데려감을 당하고 하나는 버려둠을
당할 것이요

41 두 여자가 매를 갈고 있으매 하나는 데려감을 당하고 하나는 버려둠을 당
할 것이니라

42 그러므로 깨어 있으라 어느 날에 너희 주가 임할는지

43 너희가 알지 못함이니라 너희도 아는 바니 만일 집주인이 도적이 어느 경
점에 올 줄을 알았더면 깨어 있어 그 집을 뚫지 못하게 하였으리라

44 이러므로 너희도 예비하고 있으라 생각지 않은 때에 인자가 오리라

45 충성되고 지혜 있는 종이 되어 주인에게 그 집 사람들을 맡아 때를 따라
양식을 나눠 줄 자가 누구뇨

46 주인이 올 때에 그 종의 이렇게 하는 것을 보면 그 종이 복이 있으리로다

47 내가 진실로 너희에게 이르노니 주인이 그 모든 소유를 저에게 맡기기라

48 만일 그 악한 종이 마음에 생각하기를 주인이 더디 오리라 하여

49 동무들을 때리며 술친구들로 더불어 먹고 마시게 되면

50 생각지 않은 날 알지 못하는 시간에 그 종의 주인이 이르러

51 엄히 때리고 외식하는 자의 받는 율에 처하리니 거기서 슬피 울며 이를 갊
이 있으리라

Date. / /

마태복음

25장

열 처녀의 비유

1 그 때에 천국은 마치 등을 들고 신랑을 맞으러 나간 열 처녀와 같다 하리니

2 그 중에 다섯은 미련하고 다섯은 슬기 있는지라

3 미련한 자들은 등을 가지되 기름을 가지지 아니하고

4 슬기 있는 자들은 그릇에 기름을 담아 등과 함께 가져갔더니

5 신랑이 더디 오므로 다 졸며 잘쌔

6 밤중에 소리가 나되 보라 신랑이로다 맞으러 나오라 하매

7 이에 그 처녀들이 다 일어나 등을 준비할쌔

8 미련한 자들이 슬기 있는 자들에게 이르되 우리 등불이 꺼져가니 너희 기
름을 좀 나눠 달라 하거늘

9 슬기 있는 자들이 대답하여 가로되 우리와 너희의 쓰기에 다 부족할까 하
노니 차라리 파는 자들에게 가서 너희 쓸 것을 사라 하니

10 저희가 사러 간 동안에 신랑이 오므로 예비하였던 자들은 함께 혼인 잔치
에 들어가고 문은 닫힌지라

11 그 후에 남은 처녀들이 와서 가로되 주여 주여 우리에게 열어 주소서

12 대답하여 가로되 진실로 너희에게 이르노니 내가 너희를 알지 못하노라
하였느니라

13 그런즉 깨어 있으라 너희는 그 날과 그 시를 알지 못하느니라

달란트의 비유

14 ●또 어떤 사람이 타국에 갈제 그 종들을 불러 자기 소유를 맡김과 같으니

15 각각 그 재능대로 하나에게는 금 다섯 달란트를, 하나에게는 두 달란트를,
하나에게는 한 달란트를 주고 떠났더니

Date. / /

16 다섯 달란트 받은 자는 바로 가서 그것으로 장사하여 또 다섯 달란트를 남
기고
17 두 달란트 받은 자도 그같이 하여 또 두 달란트를 남겼으되
18 한 달란트 받은 자는 가서 땅을 파고 그 주인의 돈을 감추어 두었더니
19 오랜 후에 그 종들의 주인이 돌아와 저희와 회계할쌔
20 다섯 달란트 받았던 자는 다섯 달란트를 더 가지고 와서 가로되 주여 내게
다섯 달란트를 주셨는데 보소서 내가 또 다섯 달란트를 남겼나이다
21 그 주인이 이르되 잘하였도다 착하고 충성된 종아 네가 작은 일에 충성 하
였으매 내가 많은 것으로 네게 맡기리니 네 주인의 즐거움에 참예할찌어
다 하고
22 두 달란트 받았던 자도 와서 가로되 주여 내게 두 달란트를 주셨는데 보소
서 내가 또 두 달란트를 남겼나이다
23 그 주인이 이르되 잘 하였도다 착하고 충성된 종아 네가 작은 일에 충성
하였으매 내가 많은 것으로 네게 맡기리니 네 주인의 즐거움에 참예할찌
어다 하고
24 한 달란트 받았던 자도 와서 가로되 주여 당신은 굳은 사람이라 심지 않은
데서 거두고 헤치지 않은 데서 모으는 줄을 내가 알았으므로
25 두려워하여 나가서 당신의 달란트를 땅에 감추어 두었었나이다 보소서 당
신의 것을 받으셨나이다
26 그 주인이 대답하여 가로되 악하고 게으른 종아 나는 심지 않은 데서 거두
고 헤치지 않은 데서 모으는 줄로 네가 알았느냐
27 그러면 네가 마땅히 내 돈을 취리하는 자들에게나 두었다가 나로 돌아와
서 내 본전과 변리를 받게 할 것이니라 하고
28 그에게서 그 한 달란트를 빼앗아 열 달란트 가진 자에게 주어라

Date. / /

29 무릇 있는 자는 받아 풍족하게 되고 없는 자는 그 있는 것까지 빼앗기리라

30 이 무익한 종을 바깥 어두운 데로 내어쫓으라 거기서 슬피 울며 이를 갊이
있으리라 하니라

인자가 모든 천사와 함께 올 때

31 ●인자가 자기 영광으로 모든 천사와 함께 올 때에 자기 영광의 보좌에 앉
으리니

32 모든 민족을 그 앞에 모으고 각각 분별하기를 목자가 양과 염소를 분별하
는 것같이 하여

33 양은 그 오른편에, 염소는 왼편에 두리라

34 그 때에 임금이 그 오른편에 있는 자들에게 이르시되 내 아버지께 복 받을
자들이여 나아와 창세로부터 너희를 위하여 예비된 나라를 상속하라

35 내가 주릴 때에 너희가 먹을 것을 주었고 목마를 때에 마시게 하였고 나그
네 되었을 때에 영접하였고

36 벗었을 때에 옷을 입혔고 병들었을 때에 돌아보았고 옥에 갇혔을 때에 와
서 보았느니라

37 이에 의인들이 대답하여 가로되 주여 우리가 어느 때에 주의 주리신 것을
보고 공궤하였으며 목마르신 것을 보고 마시게 하였나이까

38 어느 때에 나그네 되신 것을 보고 영접하였으며 벗으신 것을 보고 옷 입혔
나이까

39 어느 때에 병드신 것이나 옥에 갇히신 것을 보고 가서 뵈었나이까 하리니

40 임금이 대답하여 가라사대 내가 진실로 너희에게 이르노니 너희가 여기 내
형제 중에 지극히 작은 자 하나에게 한 것이 곧 내게 한 것이니라 하시고

Date. / /

41 또 왼편에 있는 자들에게 이르시되 저주를 받은 자들아 나를 떠나 마귀와
그 사자들을 위하여 예비된 영영한 불에 들어가라

42 내가 주릴 때에 너희가 먹을 것을 주지 아니하였고 목마를 때에 마시게 하
지 아니하였고

43 나그네 되었을 때에 영접하지 아니하였고 벗었을 때에 옷 입히지 아니하
였고 병들었을 때와 옥에 갇혔을 때에 돌아보지 아니하였느니라 하시니

44 저희도 대답하여 가로되 주여 우리가 어느 때에 주의 주리신 것이나 목마
르신 것이나 나그네 되신 것이나 벗으신 것이나 병드신 것이나 옥에 갇히
신 것을 보고 공양치 아니하더이까

45 이에 임금이 대답하여 가라사대 내가 진실로 너희에게 이르노니 이 지극
히 작은 자 하나에게 하지 아니한 것이 곧 내게 하지 아니한 것이니라 하
시리니

46 저희는 영벌에, 의인들은 영생에 들어가리라 하시니라

Date.　　/　　/

내가 진실로 너희에게 말하노니
이 세대가 지나가기 전에
이 일이 다 이루리라

- 마태복음 24장 34절

마태복음

26장

예수를 죽이려고 의논하다

1 예수께서 이 말씀을 다 마치시고 제자들에게 이르시되

2 너희의 아는 바와 같이 이틀을 지나면 유월절이라 인자가 십자가에 못 박히기 위하여 팔리우리라 하시더라

3 그 때에 대제사장들과 백성의 장로들이 가야바라 하는 대제사장의 아문에 모여

4 예수를 궤계로 잡아 죽이려고 의논하되

5 말하기를 민요가 날까 하노니 명절에는 말자 하더라

예수의 머리에 향유를 붓다

6 ● 예수께서 베다니 문둥이 시몬의 집에 계실 때에

7 한 여자가 매우 귀한 향유 한 옥합을 가지고 나아와서 식사하시는 예수의 머리에 부으니

8 제자들이 보고 분하여 가로되 무슨 의사로 이것을 허비하느뇨

9 이것을 많은 값에 팔아 가난한 자들에게 줄 수 있었겠도다 하거늘

10 예수께서 아시고 저희에게 이르시되 너희가 어찌하여 이 여자를 괴롭게 하느냐 저가 내게 좋은 일을 하였느니라

11 가난한 자들은 항상 너희와 함께 있거니와 나는 항상 함께 있지 아니하리라

12 이 여자가 내 몸에 이 향유를 부은 것은 내 장사를 위하여 함이니라

13 내가 진실로 너희에게 이르노니 온 천하에 어디서든지 이 복음이 전파되는 곳에는 이 여자의 행한 일도 말하여 저를 기념하리라 하시니라

Date. / /

유다가 배반하다

14 ●그때에 열둘 중에 하나인 가롯 유다라 하는 자가 대제사장들에게 가서 말하되

15 내가 예수를 너희에게 넘겨주리니 얼마나 주려느냐 하니 그들이 은 삼십을 달아 주거늘

16 저가 그 때부터 예수를 넘겨줄 기회를 찾더라

마지막 만찬

17 ●무교절의 첫날에 제자들이 예수께 나아와서 가로되 유월절 잡수실 것을 우리가 어디서 예비하기를 원하시나이까

18 가라사대 성안 아무에게 가서 이르되 선생님 말씀이 내 때가 가까왔으니 내 제자들과 함께 유월절을 네 집에서 지키겠다 하시더라 하라 하신대

19 제자들이 예수의 시키신 대로 하여 유월절을 예비하였더라

20 저물 때에 예수께서 열두 제자와 함께 앉으셨더니

21 저희가 먹을 때에 이르시되 내가 진실로 너희에게 이르노니 너희 중에 한 사람이 나를 팔리라 하시니

22 저희가 심히 근심하여 각각 여짜오되 주여 내니이까

23 대답하여 가라사대 나와 함께 그릇에 손을 넣는 그가 나를 팔리라

24 인자는 자기에게 대하여 기록된 대로 가거니와 인자를 파는 그 사람에게는 화가 있으리로다 그 사람은 차라리 나지 아니하였더면 제게 좋을 뻔하였느니라

25 예수를 파는 유다가 대답하여 가로되 랍비여 내니이까 대답하시되 네가 말하였도다 하시니라

Date.   /   /

26 저희가 먹을 때에 예수께서 떡을 가지사 축복하시고 떼어 제자들을 주시
며 가라사대 받아 먹으라 이것이 내 몸이니라 하시고

27 또 잔을 가지사 사례하시고 저희에게 주시며 가라사대 너희가 다 이것을
마시라

28 이것은 죄 사함을 얻게 하려고 많은 사람을 위하여 흘리는 바 나의 피 곧
언약의 피니라

29 그러나 너희에게 이르노니 내가 포도나무에서 난 것을 이제부터 내 아버
지의 나라에서 새것으로 너희와 함께 마시는 날까지 마시지 아니하리라
하시니라

30 ● 이에 저희가 찬미하고 감람산으로 나아가니라

베드로가 부인할 것을 이르시다

31 ● 때에 예수께서 제자들에게 이르시되 오늘 밤에 너희가 다 나를 버리리
라 기록된 바 내가 목자를 치리니 양의 떼가 흩어지리라 하였느니라

32 그러나 내가 살아난 후에 너희보다 먼저 갈릴리로 가리라

33 베드로가 대답하여 가로되 다 주를 버릴찌라도 나는 언제든지 버리지 않
겠나이다

34 예수께서 가라사대 내가 진실로 네게 이르노니 오늘 밤 닭 울기 전에 네가
세 번 나를 부인하리라

35 베드로가 가로되 내가 주와 함께 죽을찌언정 주를 부인하지 않겠나이다
하고 모든 제자도 이와 같이 말하니라

Date. / /

겟세마네에서 기도하시다

36 ●이에 예수께서 제자들과 함께 겟세마네라 하는 곳에 이르러 제자들에게
이르시되 내가 저기 가서 기도할 동안에 너희는 여기 앉아 있으라 하시고

37 베드로와 세베대의 두 아들을 데리고 가실새 고민하고 슬퍼하사

38 이에 말씀하시되 내 마음이 심히 고민하여 죽게 되었으니 너희는 여기 머
물러 나와 함께 깨어 있으라 하시고

39 조금 나아가사 얼굴을 땅에 대시고 엎드려 기도하여 가라사대 내 아버지
여 만일 할 만하시거든 이 잔을 내게서 지나가게 하옵소서 그러나 나의 원
대로 마옵시고 아버지의 원대로 하옵소서 하시고

40 제자들에게 오사 그 자는 것을 보시고 베드로에게 말씀하시되 너희가 나
와 함께 한 시 동안도 이렇게 깨어 있을 수 없더냐

41 시험에 들지 않게 깨어 있어 기도하라 마음에는 원이로되 육신이 약하도
다 하시고

42 다시 두 번째 나아가 기도하여 가라사대 내 아버지여 만일 내가 마시지 않
고는 이 잔이 내게서 지나갈 수 없거든 아버지의 원대로 되기를 원하나이
다 하시고

43 다시 오사 보신즉 저희가 자니 이는 저희 눈이 피곤함일러라

44 또 저희를 두시고 나아가 세 번째 동일한 말씀으로 기도하신 후

45 이에 제자들에게 오사 이르시되 이제는 자고 쉬라 보라 때가 가까왔으니
인자가 죄인의 손에 팔리우느니라

46 일어나라 함께 가자 보라 나를 파는 자가 가까이 왔느니라

Date. / /

잡히시다

47 ●말씀하실 때에 열둘 중에 하나인 유다가 왔는데 대제사장들과 백성의
장로들에게서 파송된 큰 무리가 검과 몽치를 가지고 그와 함께 하였더라

48 예수를 파는 자가 그들에게 군호를 짜 가로되 내가 입맞추는 자가 그이니
그를 잡으라 하였는지라

49 곧 예수께 나아와 랍비여 안녕하시옵니까 하고 입을 맞추니

50 예수께서 가라사대 친구여 네가 무엇을 하려고 왔는지 행하라 하신대 이
에 저희가 나아와 예수께 손을 대어 잡는지라

51 예수와 함께 있던 자 중에 하나가 손을 펴 검을 빼어 대제사장의 종을 쳐
그 귀를 떨어뜨리니

52 이에 예수께서 이르시되 네 검을 도로 집에 꽂으라 검을 가지는 자는 다
검으로 망하느니라

53 너는 내가 내 아버지께 구하여 지금 열두 영 더 되는 천사를 보내시게 할
수 없는 줄로 아느냐

54 내가 만일 그렇게 하면 이런 일이 있으리라 한 성경이 어떻게 이루어지리
요 하시더라

55 그 때에 예수께서 무리에게 말씀하시되 너희가 강도를 잡는 것같이 검과
몽치를 가지고 나를 잡으러 나왔느냐 내가 날마다 성전에 앉아 가르쳤으
되 너희가 나를 잡지 아니하였도다

56 그러나 이렇게 된 것은 다 선지자들의 글을 이루려 함이니라 하시더라 이
에 제자들이 다 예수를 버리고 도망하니라

Date. / /

공회 앞에 서시다

57 ● 예수를 잡은 자들이 끌고 대제사장 가야바에게로 가니 거기 서기관과
장로들이 모여 있더라

58 베드로가 멀찍이 예수를 좇아 대제사장의 집 뜰에까지 가서 그 결국을 보
려고 안에 들어가 하속들과 함께 앉았더라

59 대제사장들과 온 공회가 예수를 죽이려고 그를 칠 거짓 증거를 찾으매

60 거짓 증인이 많이 왔으나 얻지 못하더니 후에 두 사람이 와서

61 가로되 이 사람의 말이 내가 하나님의 성전을 헐고 사흘에 지을 수 있다
하더라 하니

62 대제사장이 일어서서 예수께 묻되 아무 대답도 없느냐 이 사람들의 너를
치는 증거가 어떠하뇨 하되

63 예수께서 잠잠하시거늘 대제사장이 가로되 내가 너로 살아 계신 하나님께
맹세하게 하노니 네가 하나님의 아들 그리스도인지 우리에게 말하라

64 예수께서 가라사대 네가 말하였느니라 그러나 내가 너희에게 이르노니 이
후에 인자가 권능의 우편에 앉은 것과 하늘 구름을 타고 오는 것을 너희가
보리라 하시니

65 이에 대제사장이 자기 옷을 찢으며 가로되 저가 참람한 말을 하였으니 어
찌 더 증인을 요구하리요 보라 너희가 지금 이 참람한 말을 들었도다

66 생각이 어떠하뇨 대답하여 가로되 저는 사형에 해당하니라 하고

67 이에 예수의 얼굴에 침 뱉으며 주먹으로 치고 혹은 손바닥으로 때리며

68 가로되 그리스도야 우리에게 선지자 노릇을 하라 너를 친 자가 누구냐 하
더라

Date.　　/　　/

베드로가 예수를 모른다고 하다

69 ● 베드로가 바깥 뜰에 앉았더니 한 비자가 나아와 가로되 너도 갈릴리 사
람 예수와 함께 있었도다 하거늘

70 베드로가 모든 사람 앞에서 부인하여 가로되 나는 네 말하는 것이 무엇인
지 알지 못하겠노라 하며

71 앞문까지 나아가니 다른 비자가 저를 보고 거기 있는 사람들에게 말하되
이 사람은 나사렛 예수와 함께 있었도다 하매

72 베드로가 맹세하고 또 부인하여 가로되 내가 그 사람을 알지 못하노라 하
더라

73 조금 후에 곁에 섰던 사람들이 나아와 베드로에게 이르되 너도 진실로 그
당이라 네 말소리가 너를 표명한다 하거늘

74 저가 저주하며 맹세하여 가로되 내가 그 사람을 알지 못하노라 하니 닭이
곧 울더라

75 이에 베드로가 예수의 말씀에 닭 울기 전에 네가 세 번 나를 부인하리라
하심이 생각나서 밖에 나가서 심히 통곡하니라

Date.　　/　　/

마태복음

27장

빌라도 앞에 서시다

1 새벽에 모든 대제사장과 백성의 장로들이 예수를 죽이려고 함께 의논하고

2 결박하여 끌고 가서 총독 빌라도에게 넘겨주니라

유다가 자살하다

3 ●때에 예수를 판 유다가 그의 정죄됨을 보고 스스로 뉘우쳐 그 은 삼십을
대제사장들과 장로들에게 도로 갖다 주며

4 가로되 내가 무죄한 피를 팔고 죄를 범하였도다 하니 저희가 가로되 그것
이 우리에게 무슨 상관이 있느냐 네가 당하라 하거늘

5 유다가 은을 성소에 던져 넣고 물러가서 스스로 목매어 죽은지라

6 대제사장들이 그 은을 거두며 가로되 이것은 피 값이라 성전고에 넣어둠
이 옳지 않다 하고

7 의논한 후 이것으로 토기장이의 밭을 사서 나그네의 묘지를 삼았으니

8 그러므로 오늘날까지 그 밭을 피밭이라 일컫느니라

9 이에 선지자 예레미야로 하신 말씀이 이루었나니 일렀으되 저희가 그 정
가된 자 곧 이스라엘 자손 중에서 정가한 자의 가격 곧 은 삼십을 가지고

10 토기장이의 밭 값으로 주었으니 이는 주께서 내게 명하신 바와 같으니라
하였더라

사형 선고를 받으시다

11 ●예수께서 총독 앞에 섰으매 총독이 물어 가로되 네가 유대인의 왕이냐
예수께서 대답하시되 네 말이 옳도다 하시고

12 대제사장들과 장로들에게 고소를 당하되 아무 대답도 아니하시는지라

Date.　　/　　/

13 이에 빌라도가 이르되 저희가 너를 쳐서 얼마나 많은 것으로 증거하는지
듣지 못하느냐 하되
14 한마디도 대답지 아니하시니 총독이 심히 기이히 여기더라
15 명절을 당하면 총독이 무리의 소원대로 죄수 하나를 놓아주는 전례가 있
더니
16 그 때에 바라바라 하는 유명한 죄수가 있는데
17 저희가 모였을 때에 빌라도가 물어 가로되 너희는 내가 누구를 너희에게
놓아주기를 원하느냐 바라바냐 그리스도라 하는 예수냐 하니
18 이는 저가 그들의 시기로 예수를 넘겨준 줄 앎이러라
19 총독이 재판 자리에 앉았을 때에 그 아내가 사람을 보내어 가로되 저 옳은
사람에게 아무 상관도 하지 마옵소서 오늘 꿈에 내가 그 사람을 인하여 애
를 많이 썼나이다 하더라
20 대제사장들과 장로들이 무리를 권하여 바라바를 달라 하게 하고 예수를
멸하자 하게 하였더니
21 총독이 대답하여 가로되 둘 중에 누구를 너희에게 놓아주기를 원하느냐
가로되 바라바로소이다
22 빌라도가 가로되 그러면 그리스도라 하는 예수를 내가 어떻게 하랴 저희
가 다 가로되 십자가에 못 박혀야 하겠나이다
23 빌라도가 가로되 어찜이뇨 무슨 악한 일을 하였느냐 저희가 더욱 소리 질
러 가로되 십자가에 못 박혀야 하겠나이다 하는지라
24 빌라도가 아무 효험도 없이 도리어 민란이 나려는 것을 보고 물을 가져다
가 무리 앞에서 손을 씻으며 가로되 이 사람의 피에 대하여 나는 무죄하니
너희가 당하라
25 백성이 다 대답하여 가로되 그 피를 우리와 우리 자손에게 돌릴찌어다 하
거늘

Date. / /

26 이에 바라바는 저희에게 놓아주고 예수는 채찍질하고 십자가에 못 박히게
넘겨주니라

군병들이 예수를 희롱하다

27 ●이에 총독의 군병들이 예수를 데리고 관정 안으로 들어가서 온 군대를
그에게로 모으고

28 그의 옷을 벗기고 홍포를 입히며

29 가시 면류관을 엮어 그 머리에 씌우고 갈대를 그 오른손에 들리고 그 앞에
서 무릎을 꿇고 희롱하여 가로되 유대인의 왕이여 평안할찌어다 하며

30 그에게 침 뱉고 갈대를 빼앗아 그의 머리를 치더라

31 희롱을 다한 후 홍포를 벗기고 도로 그의 옷을 입혀 십자가에 못 박으려고
끌고 나가니라

십자가에 못 박히시다

32 ●나가다가 시몬이란 구레네 사람을 만나매 그를 억지로 같이 가게 하여
예수의 십자가를 지웠더라

33 골고다 즉 해골의 곳이라는 곳에 이르러

34 쓸개 탄 포도주를 예수께 주어 마시게 하려 하였더니 예수께서 맛보시고
마시고자 아니하시더라

35 저희가 예수를 십자가에 못 박은 후에 그 옷을 제비 뽑아 나누고

36 거기 앉아 지키더라

37 그 머리 위에 이는 유대인의 왕 예수라 쓴 죄패를 붙였더라

Date.　　/　　/

38 이때에 예수와 함께 강도 둘이 십자가에 못 박히니 하나는 우편에, 하나는 좌편에 있더라

39 지나가는 자들은 자기 머리를 흔들며 예수를 모욕하여

40 가로되 성전을 헐고 사흘에 짓는 자여 네가 만일 하나님의 아들이어든 자기를 구원하고 십자가에서 내려오라 하며

41 그와 같이 대제사장들도 서기관들과 장로들과 함께 희롱하여 가로되

42 저가 남은 구원하였으되 자기는 구원할 수 없도다 저가 이스라엘의 왕이로다 지금 십자가에서 내려올찌어다 그러면 우리가 믿겠노라

43 저가 하나님을 신뢰하니 하나님이 저를 기뻐하시면 이제 구원하실찌라 제 말이 나는 하나님의 아들이라 하였도다 하며

44 함께 십자가에 못 박힌 강도들도 이와 같이 욕하더라

영혼이 떠나시다

45 ● 제 육시로부터 온 땅에 어두움이 임하여 제 구시까지 계속하더니

46 제 구시 즈음에 예수께서 크게 소리질러 가라사대 엘리 엘리 라마 사박다니 하시니 이는 곧 나의 하나님, 나의 하나님, 어찌하여 나를 버리셨나이까 하는 뜻이라

47 거기 섰던 자 중 어떤 이들이 듣고 가로되 이 사람이 엘리야를 부른다 하고

48 그중에 한 사람이 곧 달려가서 해융을 가지고 신 포도주를 머금게 하여 갈대에 꿰어 마시우거늘

49 그 남은 사람들이 가로되 가만두어라 엘리야가 와서 저를 구원하나 보자 하더라

50 예수께서 다시 크게 소리지르시고 영혼이 떠나시다

Date. / /

51 이에 성소 휘장이 위로부터 아래까지 찢어져 둘이 되고 땅이 진동하며 바
위가 터지고

52 무덤들이 열리며 자던 성도의 몸이 많이 일어나되

53 예수의 부활 후에 저희가 무덤에서 나와서 거룩한 성에 들어가 많은 사람
에게 보이니라

54 백부장과 및 함께 예수를 지키던 자들이 지진과 그 되는 일들을 보고 심히
두려워하여 가로되 이는 진실로 하나님의 아들이었도다 하더라

55 예수를 섬기며 갈릴리에서부터 좇아온 많은 여자가 거기 있어 멀리서 바
라보고 있으니

56 그중에 막달라 마리아와 또 야고보와 요셉의 어머니 마리아와 또 세베대
의 아들들의 어머니도 있더라

무덤에 넣어 두다

57 ● 저물었을 때에 아리마대 부자 요셉이라 하는 사람이 왔으니 그도 예수
의 제자라

58 빌라도에게 가서 예수의 시체를 달라 하니 이에 빌라도가 내어주라 분부
하거늘

59 요셉이 시체를 가져다가 정한 세마포로 싸서

60 바위 속에 판 자기 새무덤에 넣어 두고 큰 돌을 굴려 무덤 문에 놓고 가니

61 거기 막달라 마리아와 다른 마리아가 무덤을 향하여 앉았더라

Date. / /

파수꾼이 무덤을 지키다

62 ●그 이튿날은 예비일 다음 날이라 대제사장들과 바리새인들이 함께 빌라
도에게 모여 가로되

63 주여 저 유혹하던 자가 살았을 때에 말하되 내가 사흘 후에 다시 살아나리
라 한 것을 우리가 기억하노니

64 그러므로 분부하여 그 무덤을 사흘까지 굳게 지키게 하소서 그의 제자들
이 와서 시체를 도적질하여 가고 백성에게 말하되 그가 죽은 자 가운데서
살아났다 하면 후의 유혹이 전보다 더 될까 하나이다 하니

65 빌라도가 가로되 너희에게 파수꾼이 있으니 가서 힘대로 굳게 하라 하거늘

66 저희가 파수꾼과 함께 가서 돌을 인봉하고 무덤을 굳게 하니라

Date.　　/　　/

마태복음 27장

마태복음

28장

살아나시다

1 안식일이 다하여 가고 안식 후 첫날이 되려는 미명에 막달라 마리아와 다
른 마리아가 무덤을 보려고 왔더니

2 큰 지진이 나며 주의 천사가 하늘로서 내려와 돌을 굴려 내고 그 위에 앉
았는데

3 그 형상이 번개 같고 그 옷은 눈같이 희거늘

4 수직하던 자들이 저를 무서워하여 떨며 죽은 사람과 같이 되었더라

5 천사가 여자들에게 일러 가로되 너희는 무서워 말라 십자가에 못 박히신
예수를 너희가 찾는 줄을 내가 아노라

6 그가 여기 계시지 않고 그의 말씀하시던 대로 살아나셨느니라 와서 그의
누우셨던 곳을 보라

7 또 빨리 가서 그의 제자들에게 이르되 그가 죽은 자 가운데서 살아나셨고
너희보다 먼저 갈릴리로 가시나니 거기서 너희가 뵈오리라 하라 보라 내
가 너희에게 일렀느니라 하거늘

8 그 여자들이 무서움과 큰 기쁨으로 무덤을 빨리 떠나 제자들에게 알게 하
려고 달음질할쌔

9 예수께서 저희를 만나 가라사대 평안하뇨 하시거늘 여자들이 나아가 그
발을 붙잡고 경배하니

10 이에 예수께서 가라사대 무서워 말라 가서 내 형제들에게 갈릴리로 가라
하라 거기서 나를 보리라 하시니라

파수꾼의 보고

11 ●여자들이 갈제 파수꾼 중 몇이 성에 들어가 모든 된 일을 대제사장들에
게 고하니

Date.　　/　　/

마태복음 28장

12 그들이 장로들과 함께 모여 의논하고 군병들에게 돈을 많이 주며

13 가로되 너희는 말하기를 그의 제자들이 밤에 와서 우리가 잘 때에 그를 도
적질하여 갔다 하라

14 만일 이 말이 총독에게 들리면 우리가 권하여 너희로 근심되지 않게 하리
라 하니

15 군병들이 돈을 받고 가르친 대로 하였으니 이 말이 오늘날까지 유대인 가
운데 두루 퍼지니라

제자들이 선교의 사명을 받다

16 ● 열한 제자가 갈릴리에 가서 예수의 명하시던 산에 이르러

17 예수를 뵈옵고 경배하나 오히려 의심하는 자도 있더라

18 예수께서 나아와 일러 가라사대 하늘과 땅의 모든 권세를 내게 주셨으니

19 그러므로 너희는 가서 모든 족속으로 제자를 삼아 아버지와 아들과 성령
의 이름으로 세례를 주고

20 내가 너희에게 분부한 모든 것을 가르쳐 지키게 하라 볼찌어다 내가 세상
끝날까지 너희와 항상 함께 있으리라 하시니라

Date.　　/　　/

내가 너희에게 분부한 모든 것을
가르쳐 지키게 하라
볼찌어다
내가 세상 끝날까지
너희와 항상 함께 있으리라 하시니라

- 마태복음 28장 20절

킹 오브 킹스

초판 1쇄 인쇄 2025년 7월 11일 | 초판 1쇄 발행 2025년 7월 24일

지은이 〈킹 오브 킹스〉 제작팀

펴낸이 신광수
출판사업본부장 강윤구 | 출판개발실장 위귀영
단행본팀 김혜연, 조기준, 조문채, 정혜리
출판디자인팀 최진아 | 출판기획팀 정승재, 김마이, 이아람, 전지현
출판사업팀 이용복, 민현기, 우광일, 김선영, 이강원, 정유, 정슬기, 허성배, 정재욱, 박세화, 김종민, 정영묵
출판지원파트 이형배, 이주연, 전효정, 이우성, 장현우

펴낸곳 (주)미래엔 | 등록 1950년 11월 1일(제16-67호)
주소 06532 서울시 서초구 신반포로 321
미래엔 고객센터 1800-8890
팩스 (02)541-8249 | 이메일 bookfolio@mirae-n.com
홈페이지 www.mirae-n.com

ISBN 979-11-7347-832-1 03230

*북폴리오는 ㈜미래엔의 성인단행본 브랜드입니다.
*책값은 뒤표지에 있습니다.
*파본은 구입처에서 교환해 드리며, 관련 법령에 따라 환불해 드립니다.
다만, 제품 훼손 시 환불이 불가능합니다.

북폴리오는 참신한 시각, 독창적인 아이디어를 환영합니다.
기획 취지와 개요, 연락처를 bookfolio@mirae-n.com으로 보내주십시오.
북폴리오와 함께 새로운 문화를 창조할 여러분의 많은 투고를 기다립니다.